書下ろし

八百万の神々の謎

武光　誠

祥伝社黄金文庫

本書は、祥伝社黄金文庫のために書下ろされました。

はしがき

神道は、今でも私たちにとって身近なものである。日本のあちこちに、青々とした樹木が茂る神社がみられる。

わび、さび、粋、武士道といった日本独自の美意識は、すべて神道思想の上につくられたものである。お正月、節分などの年中行事はいずれも、神道と結びついて整備されてきた。

お盆やお彼岸のような仏教行事にも、神道から取り入れられた要素がかなりみられる。

西洋の文化、思想を受け入れる前の日本固有の思想は、いずれも神道思想の枠の中でつくられてきた。空海《くうかい》、法然《ほうねん》、栄西《えいさい》といった優れた学問僧は、日本の神様を篤《あつ》く信仰しそのお導きによる学問の上達を願った人びとであった。

日本には、西洋のような唯一の創造主だけを信仰する発想がない。だから、日本の神社ではきわめて多くの神様が祭られることになった。

「八百万《やおよろず》の神」という言葉は、日本に多数の神様がおられることを表わすものである。しかしその言葉はそれとともに、日本の国は幾柱もの神様に守られているという安心感を表現したものであった。

現在の私たちも、生まれてから今までの間に幾つもの神社に参拝してきたはずである。正月には、七福神巡りの習俗がある。七か所におられる神様を訪れて、その御利益を願うのである。

一日に七つの神様に頼み事をしても、神様どうしが嫉妬《しっと》したり張り合ったりしない。これは日本の神様がすべて、このようなことを願ってきたからだとされる。

「人びとが自然をたいせつにして、互いに助け合って楽しく生活できるように」

最近では、特に力のある神社をパワースポットと呼んで訪れる人びともみられるようになった。また神社でいただく御朱印の人気が高まり、「御朱印帳」を持って神社巡りをする参拝者も現われた。

神社との関わり方は、人によってまちまちである。

しかしどのようなやり方であっても、神様を敬う心さえ持っていれば、神社は受け入れてくれる。

八百万の神がおられるのと同じく、日本にはさまざまな考えの者がいる。神道は、このことを理解したうえにつくり上げられてきた。

しかし人間とは、じつに不可解な存在である。家族や友達であっても、時には「全く理解できない」行動をとる。女性に全く興味ないと言っていた友達が突然結婚したり、会社に滅私奉公していた者が、ふいに退職して起業したりする。

これに対して、「神様」というのはじつにわかりやすい。これから読者の方々に「八百万の神」といわれる日本の神々を知っていただくための解説を記していこう。

「一章　なぜ日本には多くの神様がいるのか？」では、日本人がさまざまな神様を祭ってきた理由や、神社に関する基礎知識を記した。これによって、私たち日本人は神様をどのようなものと考えてきたかがわかってくる。

「二章　神様と数字の秘密」では、数字に対する日本人の伝統的な考え方と神道との関わりについて解説した。日本人は古《いにしえ》から「唯一」の発想を好まなかった。「一番」とは、飛び抜けた一番ではなく、似たようなものの中の比較的優れたものと考えられたのである。

こういったことをあげていくと、日本の思想、文化と西洋のそれとの違いが浮かび上がってくる。

「三章　これは神様なのか？　違うのか？」では、道祖神《どうそじん》、招き猫などの身近な信仰をとり上げた。そして、神道はそのような細かいものまで神様としていたことを説明した。

「四章　あの神様の意外な関係」では、『古事記』などの神話のものをはじめとする、神様のさまざまなエピソードを記し、その意味を記した。

「五章　神様の意外な裏話」は、神様や神社に関する興味深い話をあれこれあげたものである。

本書を読んで、何か難しい世界のように思ってきた神道が身近なわかりやすい存在になってきた、と感じていただければ幸いである。

平成二七年三月

武光《たけみつ》　誠《まこと》

目次

はしがき　3

第一章　なぜ日本には多くの神様がいるのか？

1　八百万のもの神が本当にいるのか？　14
2　神様を祭るのはなぜか？　16
3　神社だかお寺だかわからない社寺があるのはなぜ？　21
4　一つの神社に複数の神様が祭られているのはなぜか？　23
5　なぜ同じ御利益の神様がいく柱もいるのか？　25
6　同じ神様が全国のあちこちに祭られているのはなぜか？　28
7　お寺のそばに神社があるのはなぜか？　33
8　一柱の神にたくさんの御利益があるのはなぜ？　35
9　産土神と氏神と鎮守神の違いは　37
10　人間なのに神社に祭られた歴史上の人物がいるのはなぜか？　41
11　神道が重んじる「天壌無窮の神勅」とは何か？　43
12　神様が天津神と国津神に分かれるのはなぜか？　45
13　榊が神木とされるのはなぜか？　47

第二章　神様と数字の秘密

14　日本に唯一神の信仰がないのはなぜ？　52
15　狛犬はなぜ二つあるのか？　54
16　神棚に二柱か三柱の神様を祭るのはなぜか？　56
17　三柱で一組となる神様が多いのはなぜ？　59
18　四方を表わす数字四からくる、四神獣と神道のつながり　61
19　天照大神の御子が五柱なのは陰陽五行説によるものか　64
20　中国起源の五節句が神道行事となった　67
21　神世七代は七に意味がある　69
22　神道の清めが七草粥になる　72
23　七つの神仏が合わさって七福神になるのはなぜ？　74
24　子どもの無事を祈る行事の七五三を合わせると十五という完全な数字になる　78
25　八幡神社の「八」は多くのものを意味するもの　80
26　頭と尻尾が八体分ある八岐大蛇が欲しがった山の神の孫娘　82
27　八百万の意味は八の無限大　84
28　修験道を介して取り入れられた九字切り　85

29 二〇年ごとに行なわれる伊勢神宮の遷宮 87
30 六〇年ごとに行なわれる出雲大社の遷宮 90

第三章 これは神様なのか？ 違うのか？

31 道祖神はお地蔵様とは違うのか？ 94
32 招き猫は神様なのか？ 96
33 大日如来は天照大神なのか？ 98
34 庚申塚の三匹の猿は何者なのか？ 99
35 家の守り神とされるオシラサマと座敷童は別の神？ 103
36 『竹取物語』の月に帰った輝夜姫は神様なのか？ 104
37 蛇を竜に変化させた中国の水神 106
38 竜神も犬神も火事除けの守り獣とされた 108
39 子どもの魔除けとされた狗張子《いぬはりこ》（犬張子） 111
40 白蛇、白い鹿、白い犬、白い鳥など白い動物が神様とされたのはなぜか？ 113
41 鯰を地震除けの神様としたのは、地震予知を研究した宮廷の学者 115
42 火災や洪水の原因となる雷神を守り神として祭り、災難除けにした 117
43 一つの米粒に七人の神様が宿るといわれるのはなぜか？ 119

44 狐を使者とするお稲荷様の祭りが午の日に行なわれるのはなぜか？ 121
45 漁船の中に祭られている船霊様は神様なのか？ 123
46 神様には榊を供えるが、榊ではなく松を供える荒神様は神様か 125
47 日本サッカー協会と自衛隊が守護神に選んだ三本足の八咫烏の正体は 127

第四章　あの神様の意外な関係

48 火事除けの神は伊奘諾尊、伊奘冉尊の夫婦が生んだ最後の神 130
49 伊奘冉尊が火の神に焼かれて苦しんでいたときに生まれた女神は何の神か 133
50 天狗は天鈿女命の夫 135
51 天照大神には軍師がいた 137
52 天照大神の軍師が大事にした狼 139
53 天照大神も素戔嗚尊も単身で神を生めるのに、日本の国生みをしたのは夫婦の神 141
54 海神三姉妹の義母は山の神の孫娘 143
55 大国主命の先祖である素戔嗚尊は京都で疫病しずめの神になった 146
56 助けた白兎のせいで、兄に命を狙われた大国主命 148
57 薬の神と国造りをした大国主命の分身が疫病を広めた 149

58 子授けの神なのに夫婦でない大小二柱の神 151
59 清めの神と穢れの神は三つ子 152
60 天照大神が乱暴狼藉で追い出した弟は素戔嗚尊だけではない 156
61 古い形の神話には天照大神の妹神、つまり三貴子の妹にあたる稚日女尊がいた 158
62 日本神話ではるか東の鹿島と香取の神を活躍させた黒幕は中臣氏 160
63 武甕槌神と経津主神は親戚で、ともに火の神の子孫にあたる 163
64 事代主命と蛭子命、どちらが本当の恵比寿神か 165
65 負けて勝つ、天照大神の使者に敗れた武御名方命が全国で広く信仰される 167
66 美人薄命は自然の摂理か。醜い姉の磐長姫が永遠の命をもち、美しい妹の木之花咲耶姫が短命な理由 169
67 輝夜姫と乙姫は、嫁姑関係か 173
68 浦島太郎が助けた亀は予言と塩をつかさどる福の神 174
69 稲羽の素兎の毛をむしった鰐が仕えた神様は? 177
70 瓊々杵尊の曾孫である磐余彦に従った饒速日命は瓊々杵尊の兄弟だった 179
71 内宮で祭られた天照大神には使える外宮の豊受大神は天照大神の姪 181
72 多様な起こりの神々が集まってできた三社から成る熊野三山の祭神 183
73 相場師の神と闘鶏の神 186

74 鯉の明神は天皇の料理人 188

第五章　神様の意外な裏話

75 はじめて埴輪をつくったのは日本相撲協会で祭られている相撲の神 192
76 たばこ神社の神様は漬物の神 194
77 草薙剣を熊手に持ち替えた日本武尊 195
78 IT企業の守護神は江戸の守りを務めた祟り神 197
79 新宿の皆中稲荷がギャンブルの神とされたわけ 198
80 優れた子どもを生んだ二人の玉依姫 201
81 朝鮮半島を好まなかった素戔嗚尊父子 203
82 安徳天皇の霊は朝廷や武家に怖れられて神様となった 205
83 八咫烏は初代神武天皇とも初代将軍徳川家康とももつながりをもっていた 206
84 江戸時代の築地に光を放つ神が現われた 208
85 金の桜にちなむ地に集まる国津神たち 210
86 金融業者などが信仰する車折神社の祭神清原頼業は何者なのか? 212
87 白山神社の祭神は神にされた巫女 214
88 浅間山には浅間神社はないのに、富士山の神が浅間神社で祭られているのはなぜ? 216

第一章

なぜ日本には多くの神様がいるのか？

1 八百万もの神が本当にいるのか？

神々の住む国とされた日本

神道とは、大そう古い時代から日本人に受け継がれてきた信仰である。古代の日本人は、

「私たちは多くの神様が住まわれる土地で、神様たちに見守られて生きている」

と感じてきた。かれらは山では山の神、川では川の神を祭った。そして山で採れる果実や山菜や、川の魚や貝を、山や川の神様からの授かりものと感じた。

現在でもこのような古くからの習俗を受け継ぐ神社が多くみられる。神社本庁が把握する神社の数だけで、一二万社になる。

この他に山の中や路傍につくられた小社や、個人の邸宅の中に設けられた私的な神社も多い。日本国内の神社の数は、百万社近くになるのであろう。この数は、七万七〇〇〇寺の国内の寺院の数よりはるかに多い。

『出雲国風土記』の三千万の神

日本最古の歴史書である『古事記』にすでに「八百万《やおよろず》の神」という言葉が使われている。『古事記』は奈良時代はじめ（七一二年）に書かれたものだが、そこの「八百万の神」の言葉は、古くから語り継がれた『古事記』のもとになった神話で使われたものと考えるのがよい。

『古事記』の少し後（七二〇年）にまとめられた『日本書紀』という歴史書には、「八百万神」、「八十万群神」の言葉がみえる。「八百万」も「八十万」も、数が多いことを示す言葉で正確に数えて神様が八〇万、八〇〇万いたわけではない。

古代人は「八」の数字を物事の完全なありさまを示す数字と考えていた（80ページ参照）。そのため響きのよい「やおやろず」「やおよろず」の言葉が好まれたのだ。

現在でも、出雲《いずも》つまり島根県東部は「神々のふるさと」と呼ばれている。そこにはすべての日本人の縁結びを取り決めるといわれる出雲大社をはじめとする多くの有力な古社がある。出雲の地には、古くから受け継がれた神を重んじる気質がみられる。

古代の出雲の伝説を集めた『出雲国風土記《いずものくにふどき》』という奈良時代の書物が、現在まで伝わっ

ている。この中に、

「天神《てんじん》千五百万、地祇《ちぎ》千五百万」

という言葉がみえる。空の上に一五〇〇万柱、地上に一五〇〇万柱の神様がいるというのである。神々を慕った古代の出雲の人は、「三〇〇〇万もの神様が自分たちを守ってくださる」と、感じたのであろう。

しかし次項に記すように、神道の考えにたてば神様の総数は三〇〇〇万よりはるかに多くなる。

2 神様を祭るのはなぜか？

あらゆる存在が神様とされた

私たち日本人は、家ごとに祖先を祭る習慣を受け継いでいる。「神道」の家では先祖は「神様」と呼ばれ、仏教徒はそれを「仏様」とする。

このような習俗は、一人ひとりの人間が持つ善良な霊魂が神だとする考えからくるものである。さらに古代人には、動物や植物、さらにさまざまな道具にも霊魂が宿ると考えて

図1　精霊崇拝の考え

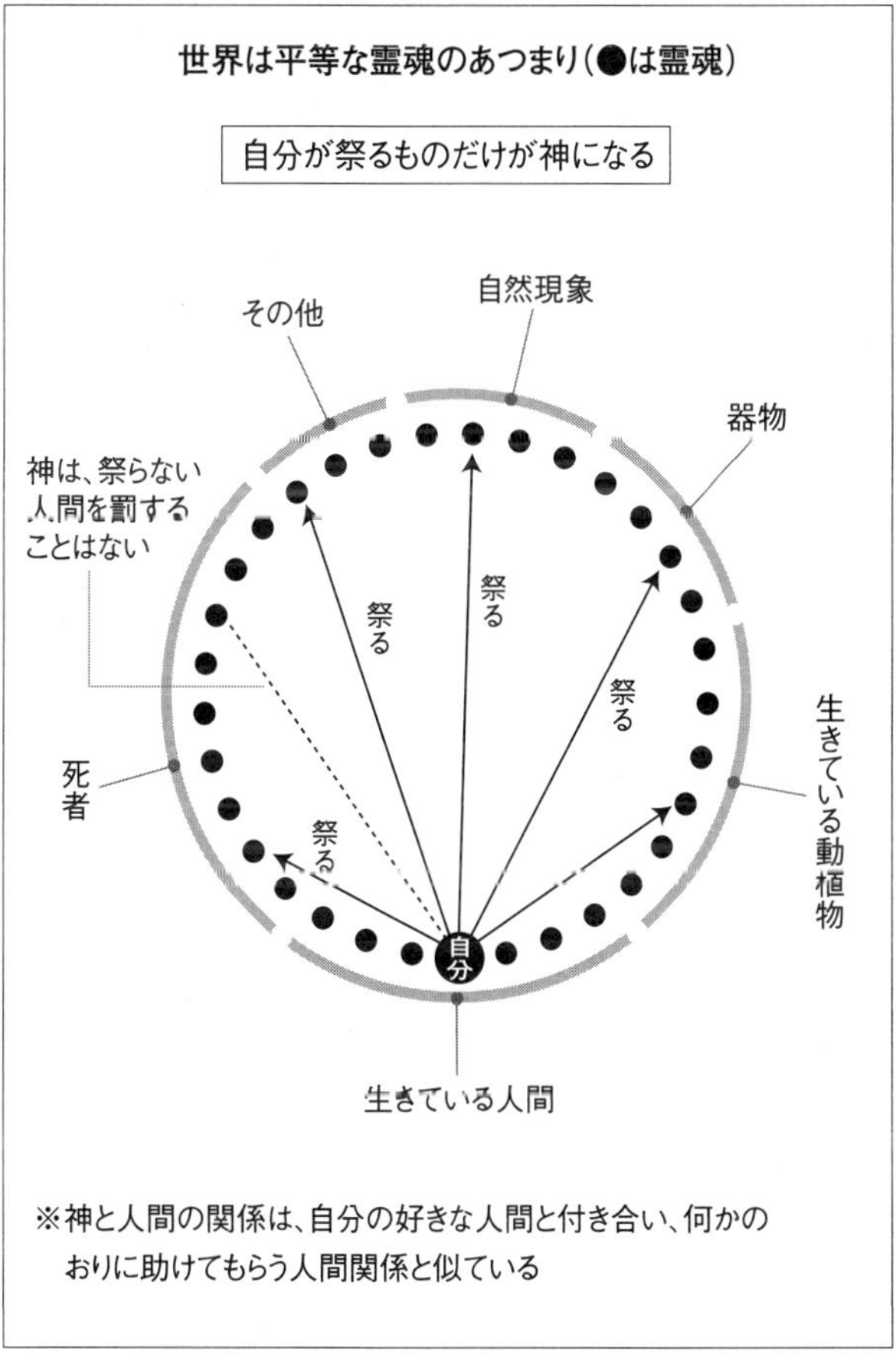
世界は平等な霊魂のあつまり（●は霊魂）
自分が祭るものだけが神になる
自然現象
その他
器物
神は、祭らない人間を罰することはない
祭る
祭る
祭る
祭る
生きている動植物
死者
自分
生きている人間
※神と人間の関係は、自分の好きな人間と付き合い、何かのおりに助けてもらう人間関係と似ている

いた。

現在でも蛇、山犬などの動物や巨木を神様として祭る習慣が残っている。また長く愛用した道具には「魂《たましい》が宿る」ともいわれる。

こういった神道の考えは、縄文時代に行なわれた精霊崇拝《せいれいすうはい》（アニミズム）からくるものとされる。精霊崇拝は古い時代に全世界のあちこちでみられた信仰である。

精霊崇拝は世界に多くの精霊、つまり霊魂が存在すると説くものである。この霊魂が赤ん坊に宿ることによって、人間が知恵や良心を持つようになる。そして、人間が死亡しても霊魂は体を離れて永遠に生きる。

世界は多くの精霊、つまり霊魂のはたらきで運営されており、人間に宿る霊魂は人間としての役割を、動物に宿る霊魂は動物の役割をはたす。

そのため縄文人は、多くの精霊が集まったものを神様として祭ったのである。

神様の不思議な力を感じる

縄文人は、自分の力ではどうにもならない願いを叶えてもらおうとして神々を祭った。

「獲物の猪《いのしし》が多くとれますように」

図2　御利益の考え方

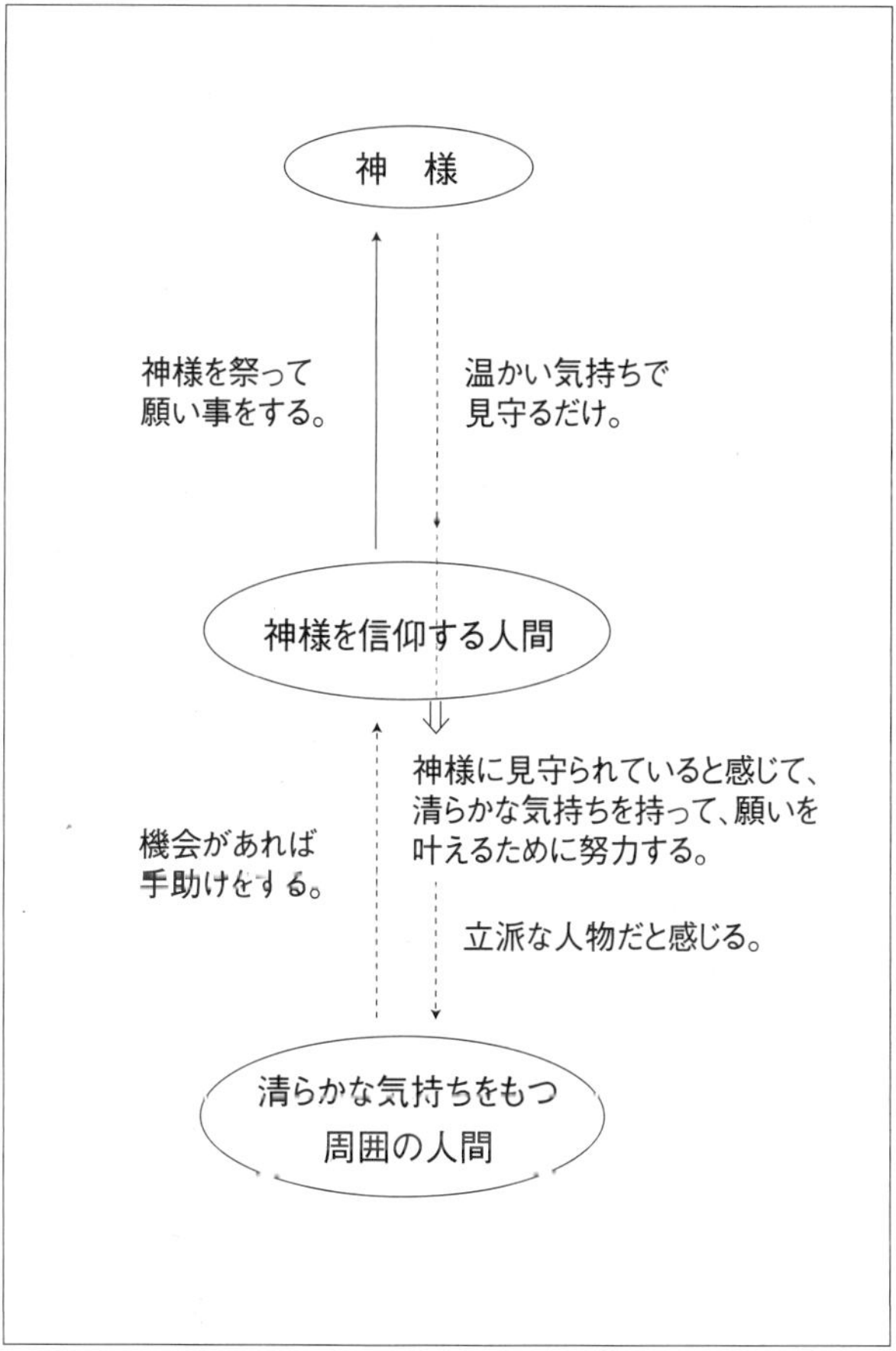
神　様
神様を祭って
願い事をする。
温かい気持ちで
見守るだけ。
神様を信仰する人間
神様に見守られていると感じて、
清らかな気持ちを持って、願いを
叶えるために努力する。
機会があれば
手助けをする。
立派な人物だと感じる。
清らかな気持ちをもつ
周囲の人間

「秋に去年よりたくさんの鮭が、川を上ってきますように」

「冬になるべく深雪に苦しまずにすみますように」

こういったことを、かれらは真剣に神々に祈った。

江戸時代なかばの国学者「古典学者」の本居宣長《もとおりのりなが》は『古事記伝』の中で、神とは次のようなものだと記した。

「尋常ならずすぐれた徳《とく》ありて、可畏《かしこ》き物（人智で理解できない優れた力を持つもの）」が神だというのである。その考えにもとづいて古くから、太陽の神、月の神、山の神、海の神、風の神、雷の神などの多くの神が祭られてきた。

私たちは、「自分の力ではどうにもならない」と感じたときに、「不思議な力を持つ神」を祭ってその御利益を求めるだけでよい。それが古くから行なわれてきた神道の形だからである。日本の神様は心を込めて祭る者を助けるが、自分を祭らない者を罰することはない。

次に神様と神様と同じく御利益をくださる仏様の関係について簡単に記そう。

3 神社だかお寺だかわからない社寺があるのはなぜ？

御利益を授ける日本の仏

私たちは、商売繁昌《はんじょう》、家内安全などのさまざまな御利益を求めて神社やお寺に詣《もう》でる。そのため現在では、「神社もお寺も同じようなものだ」と考える者も少なくない。

御利益のある神社やお寺が良いところとされて、初詣で、縁日などに多くの参拝者を集めるのである。

仏教は本来は、釈尊《しゃくそん》（ガウタマ・シッダールタ）が紀元前六世紀末にひらいた高尚な哲学であった。しかし六世紀に仏教が日本に伝わったのちに、仏教はすみやかに現世利益の信仰へと変わった。

これは僧侶たちが、仏教の形を日本人が好む神道に近いものに変えていったことによるものである。聖徳太子《しょうとくたいし》は、真剣に釈尊の教えを学ぼうとした。また現在でも禅宗の僧侶の一部に、座禅によって釈尊と同じ悟りを得ようと努める者もいる。しかし仏教界の指導者の大部分は、御利益目当ての信者をなるべく多く集める方向をとった。

神仏習合と神仏分離

神社と寺院の指導者が同じ方向を目指していたために、神道と仏教の接近がしだいにすすめられていった。これを神仏習合という。

奈良時代後半から有力な寺院の土地に、寺院に付属する神社を設けたり、神社が神宮寺という寺院を経営したりといったことが広まっていった。そして平安時代なかば以後には、主要な神社は社僧と呼ばれる天台宗《てんだいしゅう》や真言宗《しんごん》の僧侶に経営されるようになった。

このため江戸時代以前に、神社だかお寺だかわからない社寺が多くみられたのである。

しかし江戸時代末に、

「今の神道は、外来の仏教や儒教に害され古代の純粋な神道の心を忘れている」

と説く復古神道が広まった。そして明治政府が明治初年に復古神道に従って、神仏分離を敢行した。これによって、神社とお寺は全く別のものとされたのである。

しかし香川県仲多度《なかたど》郡琴平《ことひら》町の金刀比羅《ことひら》宮や神奈川県藤沢《ふじさわ》市の江島《えのしま》神社のような仏教色を残す神社もある。これらは江戸時代に神仏習合の傾向が強かったところである。

次項に、八百万の神の国である日本の神社について記そう。

4　一つの神社に複数の神様が祭られているのはなぜか？

力を合わせて人を守る神様

大部分の神社は一つの神社に何柱もの神を祭る形をとっている。十日戎《とおかえびす》で関西人を集める兵庫県西宮《にしのみや》市の西宮神社は、「西宮戎」、「西宮恵比寿《えびす》」の通称でも呼ばれる。

しかしそこは恵比寿様、つまり蛭児命《ひるこのみこと》だけのための神社ではない。主神の西宮六神（蛭児命）の他に、天照大神《あまてらすおおみかみ》、大国主《おおくにぬし》大神（大国主命）、須佐之男《すさのお》大神（素戔嗚尊《すさのおのみこと》）の三柱が祭られているのである。

主神以外の神は、「相殿《あいでん》の神」とか「配祀《はいし》された神」と呼ばれる。主神以外の神を祭るのは、

「主神だけではなく、他の神々の力も借りて、この土地を安らかにしていこう」

とする考えによるものである。八百万の神のいる日本では、神々はすべて善良で仲がよいものとされてきた。そのために、人びとは多くの神様が力を合わせて自分たちを守ってくれると感じてきたのである。

縁のある複数の神を主神とする神社

栃木県日光《にっこう》市の日光東照宮は、徳川家康《とくがわいえやす》を主祭神として、そこに豊臣秀吉《とよとみひでよし》と源頼朝《みなもとのよりとも》を配祀している。そこは、江戸幕府が開祖の家康を祭るために建てた神社である。しかし幕府は家康の前に日本を治めた豊臣秀吉と最初の武家政権である鎌倉幕府をひらいた源頼朝を尊敬して、かれらも神としたのである。

一柱の神だけを主神とする神社もあるが、複数の神を主神とするところがより一般的である。八幡《はちまん》神社や八幡宮の総本社である大分県宇佐《うさ》市の宇佐神宮は、応神《おうじん》天皇、比売《ひめ》大神、神功《じんぐう》皇后の三柱を主神としている。比咩大神は宇佐の土地の神で、神功皇后は応神天皇の母である。

また諏訪《すわ》大社（長野県茅野《ちの》市、諏訪市、諏訪郡下諏訪町）は、建御名方《たけみなかた》神（武御名方命）と、かれの妻の八坂刀女《やさかとめ》神を祭っている。こういった例で知られるように、むしろ縁のある複数の神をまとめて一つの神社の祭神とするのが普通の形だと考えてよい。

次に神社とそこが授ける御利益の関係についてみていこう。

5 なぜ同じ御利益の神様がいく柱もいるのか？

同じ役割をもつ多様な神様

海の神様には、大綿津見神《おおわたつみ》、住吉《すみよし》の神などさまざまな神様がいる。信仰の対象になった山には、それぞれ別々の神が祭られていることが多い。

木曽《きそ》の御嶽山《おんたけさん》には二つの登り山があり、二つの神社が設けられている。その中の木曽町の神社では、大己貴命《おおなむちのみこと》と少彦名命《すくなびこな》が祭られている。そして王滝村《おうたき》の神社の祭神は、国常立尊《くにのとこたちのみこと》、大己貴命、少彦名命とされる。

大和《やまと》の神の山とされる三輪山《みわやま》の神は、大物主神《おおものぬし》である。この神は、大国主命、大己貴命と同一の神とされる。

27ページの表に示したように、日本のあちこちに同じ役割をもつ神様がいる。これは古代に各地の住民を束ねた大豪族が、それぞれ思い思いの神様を祭っていたことによるものである。

万能の神と一つの役割を持つ神

『古事記』などに記された日本神話には、さまざまな神様が出てくる。神々の系譜だけにみえる神様も含めると、『古事記』一つに数百柱の神の記事が出てくる。

そしてその神々の中には、一部の有力な神様と大して有力でない多くの神様がいる。天照大神や大国主命は、人びとのあらゆる願いを叶える優れた神とされていた。天御中《あめのみなか》主《ぬし》神《のかみ》や少彦名命も、多様な役割をもつ神である。

これに対して山の神として生まれた大山祇神《おおやまつみのかみ》は山を治める神、家屋の神、大屋毘古《おおやびこ》神は火災や水害から建物を守る神として生み出された神様とされている。伏見稲荷《ふしみいなり》大社の祭神宇迦之御魂《うかのみたま》大神（倉稲魂命）、伊勢《いせ》神宮の外宮《げくう》に祭られた豊受大神《とようけのおおかみ》などは本来は農耕神つまり作物を育てることだけを役割とする神であった。

しかし神様には優れた能力があるので、このような特定の役割を持つ神でも、人びとのあらゆる願いを叶えてくれるとも考えられている。

日本ではきわめて多くの神様が祭られているので、幾柱もの神様が同じ役割をもつ神様とされたのだ。

図3　山の神の例

山の名前	神　　様
富　士　山	木之花咲耶姫
三　輪　山	大物主神
白　　　山	菊理媛神
御　嶽　山	大己貴命／少彦名命／国常立尊
比　叡　山	大山祇神

図4　海の神の例

神社名	所在地	神　　様
志賀海神社	福岡市	綿津見三神
宗像大社	福岡県宗像市	宗像三神
住吉大社	大阪市	住吉三神

図5　農耕神の例

神社名	所在地	神　様
伊勢神宮外宮	伊勢市	豊受大神
伏見稲荷大社	京都市	倉稲魂命
彌彦神社	新潟県弥彦村	天香山命

6 同じ神様が全国のあちこちに祭られているのはなぜか?

全国に広がる有力な神社

私たちは、あちこちでお稲荷様の朱色の鳥居を目にする。日本全国に、一万九八〇〇社の稲荷社があるという統計がある。これは神社本庁に登録されたものだけを数えた数字で、この他にもビルの屋上や屋敷の中で私的に祭られた稲荷社もある。日本で正式に祭られている神社の総数は一二万社ほどであるから、その中の六社に一社が稲荷神社ということになる。

稲荷社はすべて、京都市伏見区の伏見稲荷大社から広まった。古くはあちこちの有力者が、稲荷信仰を受け入れて自分の領地に伏見稲荷大社の分社を建てた。

神職に定まった儀式をしてもらい、伏見稲荷大社の分霊を宿してもらった依《よ》り代《しろ》をご神体とする神社をおこしたのである。依り代には、ふつうは銅鏡という青銅製の鏡が使われる。

さらに江戸時代になると、自分の屋敷や店でお稲荷様を祭る商人も出た。

図6　主な神社の数

神　社　名	神社の数（約）
稲　荷　社	19,800社
八　幡　社	14,800社
天　神　社	10,300社
諏　訪　神　社	5,700社
神　明　神　社	5,400社
熊　野　神　社	3,300社
春　日　神　社	3,100社
八　坂　神　社	2,900社
白　山　神　社	2,700社
住　吉　神　社	2,100社
日吉（山王）神社	2,000社
金　比　羅　神　社	1,900社
恵　比　寿　神　社	1,500社

※神社本庁の調べをもとに作成。ただし、神社の数は常に変動している。

伏見稲荷大社の有力な分社である、愛知県豊川《とよかわ》市の豊川稲荷などの分霊をもらった、分社の分社もある。本社がいくつかの分社をつくり、その分社がさらに分社を広めていく。このようにして人気の高い神社はネズミ算式にふえてきたのである。

八幡社や八幡宮の大もとは、大分県宇佐市の宇佐神宮である。また各地の天満宮《てんまんぐう》の起りをみていくと、その多くが京都の北野《きたの》天満宮の分社であることがわかる。

29ページの表からわかるように日本国内の神社の半数以上が、神社数のランキングでの十位以内にくる、私たちになじみ深い神社になる。

土地の神を祭る神社

日本のあちこちに、大国主命を祭神とする古い起源をもつ神社がみられる。東京都府《ふ》中市《ちゅう》大國魂《おおくにたま》神社や奈良県桜井《さくらい》市の大神《おおみわ》神社は、その代表的な例になる。こういった神社は古代人が山や川の水源などで、自分たちの土地を守る神を祭っていたことと関わるものである。

各地の人びとが土地の神を祭っていたところに、出雲で起こった大国主命信仰が伝わった。このとき「山におられる神様」、「田を守る神様」とされていたものの名前が大国主命

図7　大国主命を祭る主な神社

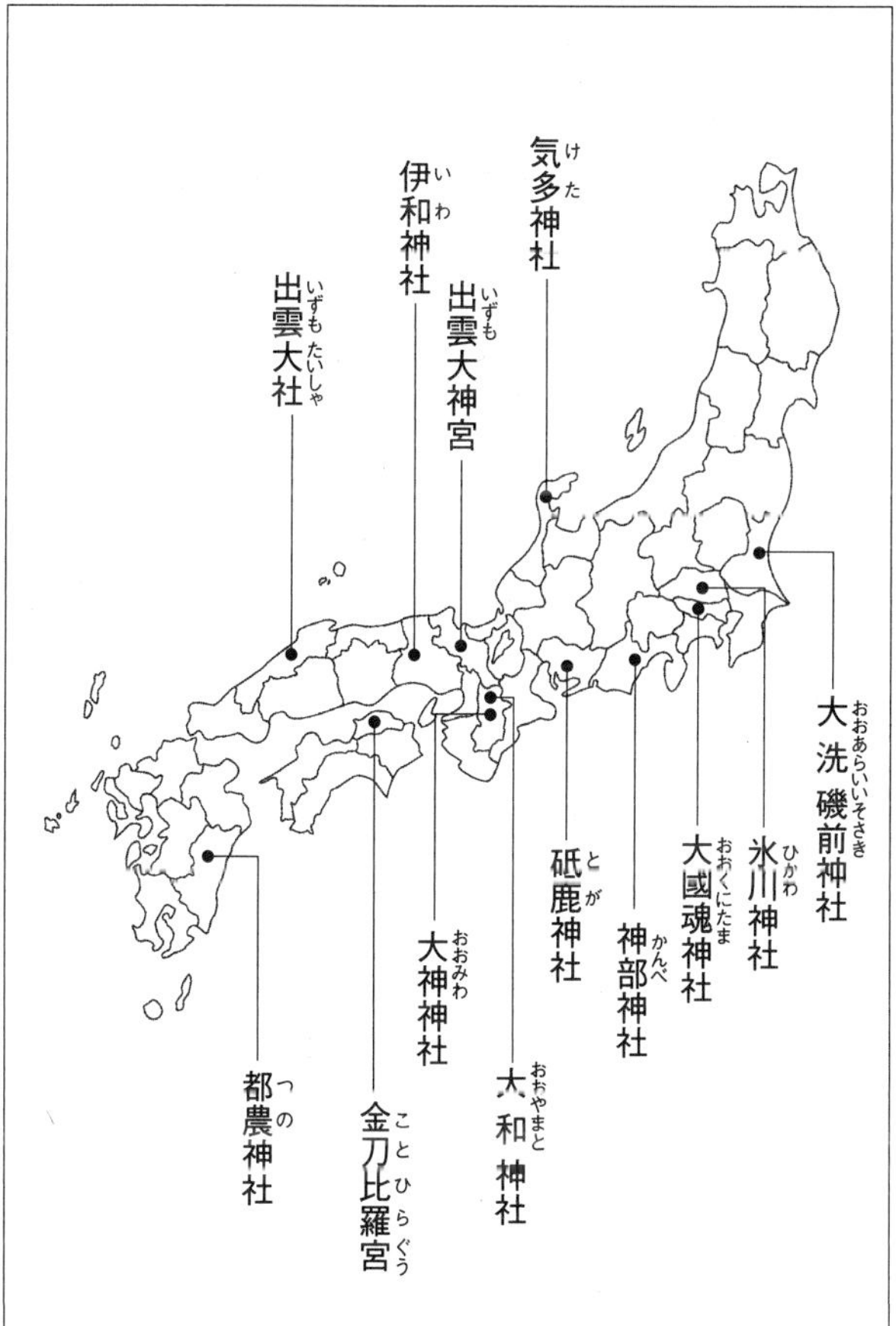

図8　大国主命の別名

『古事記』	大穴牟遅神《おおあなむちのかみ》……たいそう貴い神
	葦原色許男神《あしはらしこおのかみ》……日本で最も魅力のある神
	八千戈神《やちほこのかみ》……有力な武器の神
	宇都志国玉神《うつしくにたまのかみ》……この世を守る国魂*の神
『日本書紀』	大物主神《おおものぬしのかみ》……すぐれた物*のあるじの神
	国作大己貴命《くにつくりのおおあなむちのみこと》
	葦原醜男《あしはらしこお》
	八千戈神
	大国玉神《おおくにたまのかみ》……すぐれた国魂の神
	顕国玉神《うつしくにたまのかみ》

*「国」「物」は、神と同じ概念をあらわす

とされたのだ。これは、大和朝廷誕生以前の二世紀末ごろの出来事と推測される。

「大国主命」とは、「立派な土地の守り神」といった意味のあいまいな名前をもつ神様である。

大国主命には、大物主神《おおものぬし》、大国魂神《おおくにたま》、大己貴命などの多くの異名がある。これは各地の首長（祭祀によって人びとを治める豪族）が、名のなかった土地の神様を思い思いの名前で呼んだことからくるものである。

各地の大国主命を祭る神社の間に、横のつながりはない。それでも現在でも日本に、かなりの数の古代から続く大国主命を祭神とする神社が残っている。

7　お寺のそばに神社があるのはなぜか？

神仏分離で分かれた神社とお寺

神社とお寺は、江戸時代末まで一心同体のものであった。神社に社僧が置かれて、僧侶が神事も受けもった。

また神社の中に、境内《けいだい》に仏堂をつくるものもかなりあった。これは、

「神様は、仏様が日本に仮に現われた姿である」

とする本地垂迹《ほんちすいじゃく》説によって、神仏習合がなされたためである。神社の境内の仏堂では、そこの神様の本体とされた、仏の像が祭られる場合が多かった。

しかし明治維新のときに、明治政府は、

「神道を、古代の本来の形に戻すべきだ」

とする復古神道の考えをとった。そのため神仏分離がなされたのであるが、神仏習合していた神社の多くは、神社となる道を選んだ。

「政府がこれから、神社を優遇してくれる」

と考えたのだ。しかしこのとき、社僧が神職に転向するのを嫌ったところもあった。そういったところでは一つの神社がそれまでの神殿、拝殿を中心とした神社と、境内の仏堂を本堂にしたお寺に分かれることになった。

神社を守る仏とお寺を守る神

こういった例の他に、親密な関係をもつ寺院で神社がすぐ近くにつくられる場合もある。

平安時代はじめに天台宗を起こした最澄《さいちょう》は、天台宗の本山である比叡山延暦寺《ひえいざんえんりゃくじ》の手で、比叡山の山の神を祭る日枝《ひえ》神社を経営する形をとった。

これは土地の神を、天台宗の守りと考えたものである。

また神仏習合の考えにたって、神様のための仏事を行なう神宮寺《じんぐうじ》を境内に設けた例もある。神宮寺の名は、飛鳥《あすか》時代末にあたる七世紀末からみえている。かつて伊勢神宮をはじめとする有力な神社の多くが、神宮寺を経営していた。

このような神宮寺の中に、神仏分離で神社から独立してお寺になったところもある。前（22ページ参照）に記したように、神仏習合は奈良時代後半にあたる七〇〇年代後半に始まっている。それから神仏分離まで、一〇〇〇年余りになる。神社とお寺が互いに支えあっていた時代はきわめて長かったのである。

8　一柱の神にたくさんの御利益があるのはなぜ？

家内安全と商売繁昌も叶えてくれる神様

大きな神社を参拝すると、そこの社務所にさまざまなお札、お守りや縁起物が置かれているのがわかる。

家内安全、商売繁昌、病気平癒（回復）、厄除け、受験合格、安産祈願といったお守りは、どこの神社でもみられる。何らかの願い事がある者は、一定の初穂料《はつほ》（神社への寄附）をお払いして、お札を授けてもらう。

これを見て、

「神様は、どんな願いでも叶えてくれるのだろうか」

という疑問を感じる方も少なくあるまい。

その答えとして、

「神様は本来は、人びとが幸福な生活を送れるように温かく見守る方とされていた」

と説明しておこう。人びとは古くは次項に記す氏神様だけを祭っていた。そしてどんな場合でも氏神様が、私たちを助けてくださると考えてきた。

特定の御利益のある神社への参拝の始まり

室町時代頃まで、農村に住む人びとの多くは自然の恵みに感謝をしながら、あるがままの暮らしに満足していた。かれらは、

「作物を育てて無事に生活を送れるのはすべて氏神様のおかげ」とする感謝の気持ちをもって生きている素朴な人びとだったのだ。

ところが室町時代後半に京都、堺《さかい》などの都市が発展し、有力な商工民が互いに競って金儲《もう》けをするようになった。かれらは、「自分の才覚で金持ちになった」と考える人たちであった。

そのためその時代の商工民の間に、「神様の力を借りて商売を発展させよう」という発想が広まり、恵比寿様のような福の神の信仰が、広まっていった。

そして江戸時代に流通や商工業の大きな発展がなされる中で、都市に住む庶民にも福の神信仰が広がっていったのである。次項では、神道の本来の形である氏神信仰について説明しよう。

9　産土神と氏神と鎮守神の違いは

一つの地域を治める氏神様

現在、神道を信仰する家では、神宮大麻《たいま》と呼ばれる伊勢神宮のお札と氏神様のお札が必ず祭られている。神棚を祭る家では、十二月三十一日の大晦日の大祓《おおはらえ》の日に氏神様に詣でて、伊勢神宮と氏神様のお札をお返ししてお焚《た》き上げしてもらう。境内で焚く神聖な火で焼いて、神社に煙を神様の住む空の世界にお返しするためである。

このあと元旦に氏神様に初詣でをして、新たなお札を授けていただく。

神様の考えにたてば、日本の国土は氏神様が守る多くの地域に分かれていることになる。

そして日本中の氏神様を束ねるのが伊勢神宮の神様だとされる。

氏神様は人口二〇〇人ていどの互いに親戚関係にある一つの村落の住民が、村落の守り神として祭った神様であったと考えられる。

弥生時代に始まる氏神信仰

弥生《やよい》時代はじめに日本人は、稲作を始めた。

その時代の遺跡から、人口二〇〇人ぐらいの農村の住民が助け合って水田を開発して一定の土地に定住するようになったありさまがわかる。

弥生時代の前の縄文時代の集団には、獲物を求めてあちこち移動する者たちも少なくなかった。弥生時代の人びとははじめて自分たちの住む土地に強い愛着を持つようになったのである。

村落のまわりの自然が稲を育てて食糧を授けてくれる。そう考えた弥生人は、自然をつかさどる神様を農耕神つまり農業を見守る神として祭るようになった。

そのような神様は、土地を守る鎮守神《ちんじゅがみ》であった。それとともに自分が生まれたところの神、産土神《うぶすながみ》であり、「氏」と呼ばれた血縁で繋《つな》がる一つの村落の住民を見守る氏神でもあった。

弥生時代の人びとは、

「自分たちの先祖の霊魂が自然界のさまざまな霊魂と力を合わせて自分たちを見守っている」

と考えていた。このような信仰を祖霊信仰という。農村では、江戸時代末頃まで一祖霊信仰の影響がつよかった。

しかし明治時代以後の近代化で人びとの移動がさかんになっていく中で、産土神、氏神、鎮守神の三者の意味が、多少異なるものに変わっていった。

「産土神は自分が生まれた土地の鎮守神で、氏神は今住んでいるところの守り神つまり鎮

図9　氏神となった神社

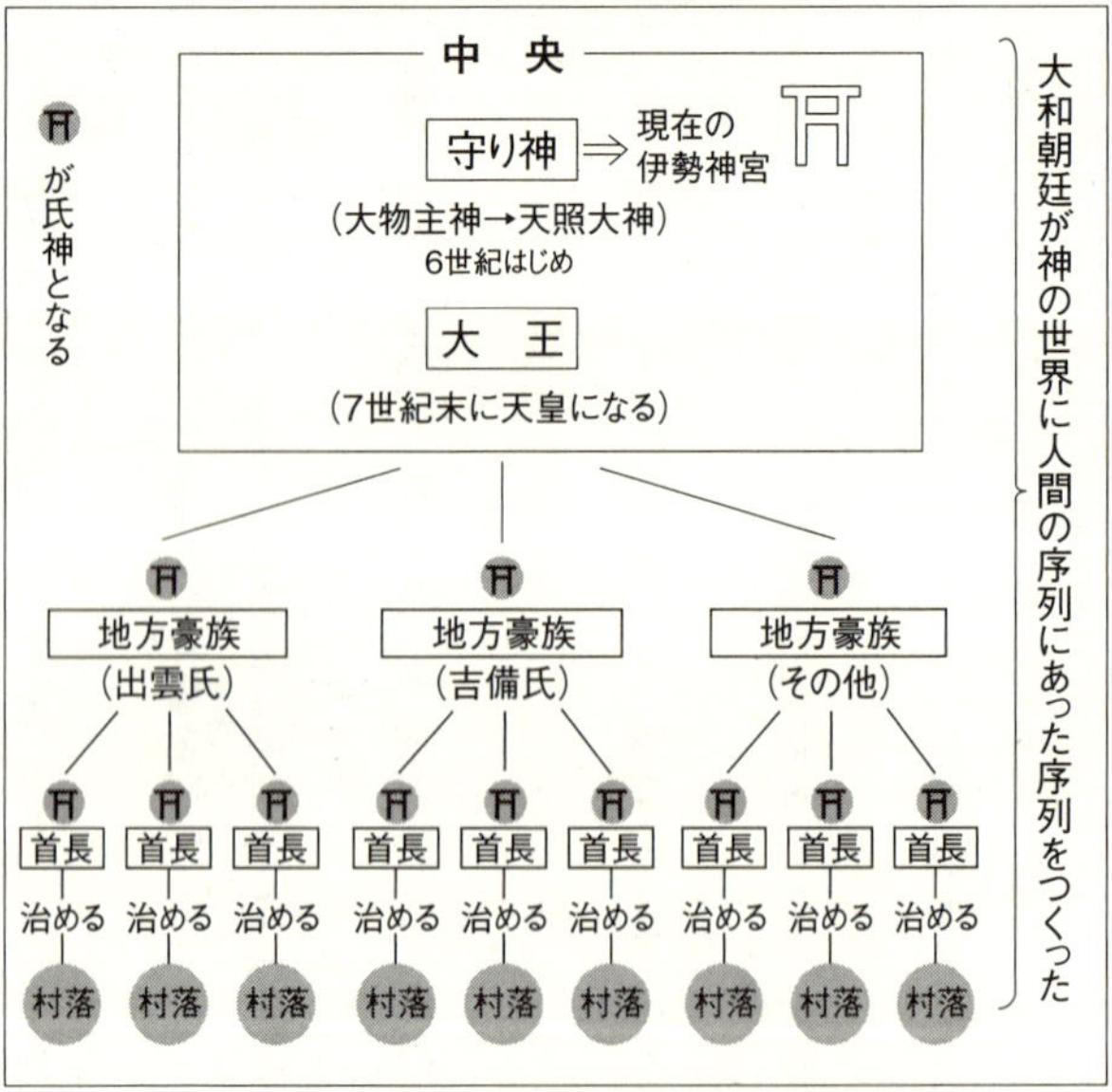

図10　弥生時代の祖霊信仰

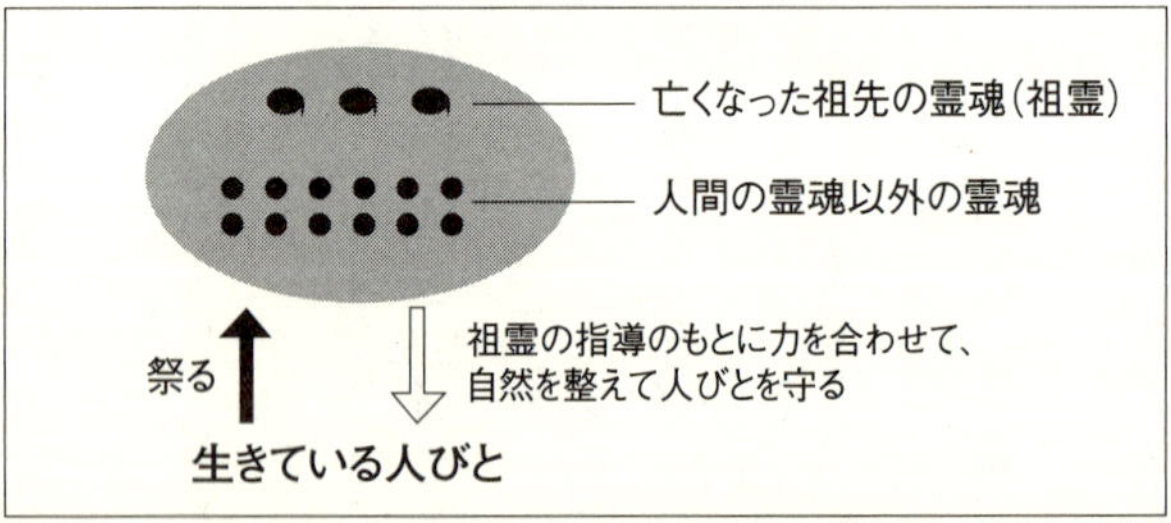

守神である」

と考える者も増えている。

10 人間なのに神社に祭られた歴史上の人物がいるのはなぜか？

人間の霊魂を神様として祭る神道

日本人は古くから、

「すべての人間の体の中に、神様のようなきれいな心をもつ霊魂がある」

と考えていた。そして人間も動物、植物などの自然物もすべて、精霊つまり神様として祭った。このような信仰を、精霊崇拝という。

多くの民族で、古い時代に精霊崇拝がとられていたとされる。

日本では弥生時代に、精霊崇拝に祖霊信仰の要素が加わった。これは亡くなった祖先の霊を特に力のある精霊（神様）とするものである。さらに弥生時代終わりに人口二〇〇人ていどの小国がつくられて、邪馬台国《やまたいこく》の卑弥呼《ひみこ》のような有力な指導者が現われた。このあと、

「祖霊たちの中で、自分たちの指導者（首長）の先祖の霊魂が、特に優れた能力をもっている」

とする首長霊信仰が生まれてきた。

立派な人間の霊魂が多くの霊魂を指導する

三世紀はじめに大和朝廷ができたあと、古墳を築いて亡くなった大王《おおきみ》を祭る習慣がつくられた。これは、

「亡くなった大王の霊が、首長霊を慕って集まる多くの祖霊やこの他の霊魂と力を合わせて自分たちを守ってくれている」

とする信仰にもとづくものであった。このような首長霊信仰が広まると、中央や地方の豪族たちも、古墳をつくって自分の家の首長霊を祭るようになった。

こういった動きの中で、

「立派なことをした人間が亡くなると、その霊魂は自分を慕って集まってくる霊魂を指導する優れた神様になる」

と考えられるようになった。八幡社や八幡宮の祭神は応神天皇、天神社や天満宮の祭神

は菅原道真《すがわらのみちざね》といった形で実在した人物を神として祭る神社は多くみられる。

しかし偉人の霊魂だけが、神様なのではない。精霊崇拝の流れをひく日本独自の信仰にもとづいて、

「偉人の霊魂とかれを慕う多くの霊魂が合わさった神様が、私たちを見守ってくださる」

という考えから、八幡宮や天満宮が祭られてきたとすべきである。

11 神道が重んじる「天壌無窮の神勅」とは何か？

天皇が日本を治める根拠とされた神勅

神道は現在まで、天皇の首長霊である天照大神を日本人すべてを守る神とする形式を受け継いできた。神道は「八百万の神」と呼ばれる多くの神を祭る多神教である。同じ多神教である中国の道教やインドのヒンドゥー教では、その時々の流行によって人びとが重んじる神が替わってきた。

ところが神道では、六世紀はじめから一貫して天照大神を最も権威の高い神としてきた。これは日本人が、天照大神の最高位の祭司を務める天皇（大王）を自国の君主として

重んじてきたことからくるものである。

奈良時代に皇室の主導でまとめられた『日本書紀』（七二〇年完成）に、皇室の統治を正当化する「天壌無窮《てんじょうむきゅう》の神勅《しんちょく》」というものが記されている。これは神道の根本となる神意とされてきたものである。

天照大神の子孫が治める国、日本

「天壌無窮の神勅」は、日本神話の中の天孫降臨の部分に出てくるものである。それまで国を治めていた大国主命が天照大神に従ったので、天照大神の孫にあたる瓊々杵尊《ににぎのみこと》が日本を支配することになった。そのために神々の住む高天原《たかまのはら》から瓊々杵尊が地上に降ってくるときの物語が、天孫降臨である。

瓊々杵尊を地上に送り出すときに天照大神は、三種の神器の鏡、勾玉《まがたま》、剣を瓊々杵尊に授けた。そしてつぎのような「天壌無窮の神勅」を下したと、記されている。

「葦原《あしはら》の千五百秋《ちいほあき》の瑞穂国《みずほのくに》（日本）は、是《こ》れ吾《わ》が子孫《うみのこ》の王《きみ》たるべき地なり。宜《よろ》しく爾《なんじ》（お前）皇孫《すめみま》（天照大神の子孫）就《ゆ》いて治《しる》せ。行《さき》く矣《あれ》。宝祚《あまつひつぎ》（皇位）の隆《さか》えまさんこと、当《まさ》に天壌《あめつち》（天地）と窮《きわま》り無《な》かるべし」

天照大神が「天地の終わりまで、あなたとその子孫が日本を治めよ」と瓊々杵尊に命じたというのである。この神勅を根拠に、皇室は日本中の神々を祭り、日本の君主の地位を受け継いできたのである。

この神勅は、天孫降臨神話が整えられた六世紀なかば頃につくられ代々の天皇とその一族で語り継がれたものとみられる。神勅はやまとことば（古代日本語）であるが、『日本書紀』の編者は、漢文漢語を用いてそれを記録している。

次項で説明する天津神《あまつかみ》（天神、国津神《くにつかみ》（国神、地祇《ちぎ》）の区別は、この天壌無窮の神勅と深く関わるものでものである。

12　神様が天津神と国津神に分かれるのはなぜか？

古くから祭られた神が国津神

『古事記』や『日本書紀』は、日本神話に出てくる神々を天津神と国津神に分ける立場をとっている。天津神は天照大神に仕《つか》える高天原の神で、「天神《てんじん》」とも書かれる。そして国津神は、地上に住む「地祇《ちぎ》」とも書かれる神である。

朝廷では、天津神は国津神より上位のものとされていた。古代には、天皇が国内の「天神地祇」や「天地の神」を祭ったという記録が多く出てくる。

国津神とは、大国主命を代表とする古くから祭られてきた神々である。五世紀末までは国内の大部分の豪族が、さまざまな名前で大国主命と同一の土地の守り神を祭っていた。

大王も奈良県桜井市大神神社のある三輪山で、大国主命と同一の神とされる大物主神を自家の祖先神として祭ってきた。この時点で、日本国内の神々は、すべて同種のものとされていたのである。

高天原神話の誕生

六世紀はじめに大和朝廷の王家の勢力は、急速に拡大した。この動きの中で王家は、自家の祖先神を大物主神からより格の高い天照大神に替えた。天照大神は、空の上にある高天原に住む太陽の神とされた。

このとき王家は高天原にいる天照大神の家来の神々は、地上の国津神より上位の神だと主張した。そして中臣《なかとみ》氏、大伴《おおとも》氏、物部《もののべ》氏などの中央の有力豪族が、それまで地上の神と考えられてきた自分たちの祖先神を、高天原の天津神に替えていった。

さらに六世紀なかば頃になると朝廷の祭官を務める中臣氏などの主導で、天津神の権威を高めるための高天原神話が整えられていった。

国津神の祖先とされる素戔嗚尊《すさのおのみこと》を、高天原から地上に追放されたとする天岩戸《あまのいわと》神話。

大国主命が、地上の支配権を天照大神の子孫に譲る国譲り神話。それに前にあげた天孫降臨神話が、王家の主導で新たにつくられたのである。

大国主命を主人公とした出雲神話は、民話風の素朴な形をとる、古くから伝えられた話であった。高天原神話は、六世紀になってそれに加えられたものである。

そして高天原神話ができたことによって、朝廷は日本人に長く愛された出雲神話を軽視するようになっていった。

13 榊が神木とされるのはなぜか？

神道の祭祀に欠かせない榊

家庭の神棚のお札を納める白木製の小型の神殿を「宮形《みやがた》」というが、この宮形の前の左右には必ず榊立《さかきた》てを置くことになっている。榊立てにはツバキ科の常緑樹の枝を飾る。

榊は毎月一日と十五日の区切りの日、もしくはその直前に新しいものに替えるのがよい。榊は、家庭の祭祀に欠かせないものである。

神社でお清めの祭祀を頼んだときは、神職が手渡した玉串《たまぐし》を神前に供えて願い事をする。

この玉串は、榊の枝に紙を切ってつくった紙垂《しで》を付けたものである。玉串は、神様への捧げものとされる。

榊は、古くから縁起の良い木とされてきた。それは一年中青々とした葉を繁らせているから、繁栄を象徴する「栄木」だというのである。この「栄木」にあやかることを願って、神事に榊が用いられてきた。

天岩戸の祭礼に用いられた榊

「栄木」という言葉は、古代には常緑樹の総称であった。古代人は冬の間じゅう葉を繁らせている常緑樹は、つよい生命力を持つと考えたのである。

古い時代には、神話の祭祀に樫《かし》、樅《もみ》、杉、柘植《つげ》などが用いられることもあった。のちになって美しい葉を持つツバキ科の榊が好まれるようになったのだ。

『古事記』に、天岩戸の祭祀に榊が用いられたことを伝える神話が記されている。素戔嗚尊の乱暴に悲しんだ太陽神の天照大神が天岩戸に隠れたために、世界中が闇になった。そのため高天原の天津神たちが、天岩戸の前で祭祀を行なって天照大神を呼び戻そうとしたときの話である。

このときに神々は天香具山《あまのかぐやま》の枝葉の繁った榊を根こそぎ取って、それに大きな勾玉、八咫鏡《やたのかがみ》、布でつくった紙垂を掛けたという。この神話がつくられたのは六世紀なかば頃と考えられるが、その時代から榊は神事に欠かせないものであったのだ。

第二章

神様と数字の秘密

14 日本に唯一神の信仰がないのはなぜ？

人の和を重んじる

日本の歴史を見ていくと、日本人は長い間、

「この考えが、絶対に正しい」

という発想を全くもっていなかったことがわかってくる。これに対して西洋やアラブ世界（中近東）から広まった一神教は、

「ユダヤ教、キリスト教の創造主ヤハウェや、イスラム教の創造主アラーが定めた戒律には全く誤りがない」

とする考えにたったものである。そのため西洋の一神教のもとで育った近代科学（物理学）は、「間違いのない法則」を追究するものになった。

これに対して古代の日本文化は、このような発想のうえにつくられていた。

「人間が奥深い自然を理解するのは、不可能である」

「さまざまな考えの人間がいる」

聖徳太子の手に成る「十七条憲法」の第一条に、
「和を以《もっ》て貴《たっと》しとなせ」
という教えが記されている。ここに記された人の和は、当時の人びとが最も大切にしたものであった。十六世紀にポルトガルからキリスト教が伝来した時点で、日本人ははじめて一神教の何でも正か邪に分ける発想に触れたのだ。

緑の国と砂の国

日本のような多神教をとる世界と、一神教が生まれた世界とは根本的に異なる。一つの考えとして、この違いを森の国と砂漠の国の気候からきたものだとする主張がある。

水や食物の豊富な日本、東南アジア、オセアニア（大洋州）などの緑の国では、少人数の集団でも森の恵みによって生きていける。ところが水の少ない砂の国では、人びとが有能な指導者のもとにまとまって僅かな水を上手に利用しなければならない。

そのためエジプト、メソポタミア、パレスチナなどでは早い時期に絶対的な権力をもつ君主が現われた。さらにその君主の専制に反発する人びとが君主の勝手なふるまいを抑制するために、「君主より高い権威をもつ創造主」をつくったというのである。

このように考えれば、日本人のような緑の国の人間にも、砂の国に一神教が誕生した理由が理解できる。このあと一神教では、君主の保護のもとに、高い教養をもつ聖職者の集団がつくられていった。そして聖職者たちの手で長い年月をかけて、ユダヤ教、キリスト教、イスラム教がさまざまな有益な技術をあみ出して民衆の役にたつものとなり、広い地域に広まっていった。

15 狛犬はなぜ二つあるのか？

一対という考えを重んじていた陰陽五行説

二個で一組となることを、「一対」という。古代人は素朴な発想から、「似ていながら違うもの」を見付けて、身近にあるあれこれを「一対のもの」と定義した。

「男女」、「昼夜」、「日月」、「晴雨」、「手足」など、一対のものをあげていくときりがない。日本でもきわめて古くから、「一対で完全な形になる」という考えが広まっていたとみてよい。

この間に古代の中国で、一対の発想を科学的思考にまで高めた「陰陽《いんよう》説」がつくられた。それはあらゆる一対のものを。「陰なるもの」と「陽なるもの」とに分けて整理した学問である。

この陰陽説では天（空）は陽、地（地表）は陰とされた。そして男性は陽、女性は陰と考えられた。陰陽説は、

「世界は、天地、男女などの陰なるものと陽なるものが共に存在することによって成り立っている」

と説いた。

そして紀元前三〇〇年代に活躍した鄒衍《すうえん》という学者が、この陰陽説とあとで（67ページ参照）紹介する五行説《ごぎょうせつ》とを合わせて、陰陽五行説を完成させた。

最初と最後を表わす狛犬

中国では、陰陽五行説によった暦づくり、漢方医学、風水などのさまざまな技術が発展した。このような陰陽五行説は飛鳥時代にあたる六世紀に日本に伝わり、平安時代に日本独自の陰陽道《おんみょうどう》に発展していった。

日本人が陰陽道の考えから、完全な形を表わす一対のものを好んだことは確かである。

神社の拝殿の前や参道の左右に、一対の狛犬がみられる。この狛犬は口を開けた「阿《あ》」の形のものと口を閉じた「吽《うん》」の形のものから成っている。狛犬はかならず二体で一組の形をとっており、一体だけの狛犬は珍しい。

「阿」と「吽」は、仏教用語である。「阿」は始まり、「吽」は物の終わりを表わす。仏教は「万事は『阿』と『吽』があって、はじめて完全なものになる」と説く。

狛犬は平安時代後半頃に、中国から伝わったものとみられる。それは中国では寺院の境内の飾りに用いられたものであった。

「阿」と「吽」で完全な一対になる点が、陰陽道を重んじる日本人に好まれ、狛犬はしだいに神社にも置かれるようになり、やがて神社の境内に欠かせないものになっていった。

16 神棚に二柱か三柱の神様を祭るのはなぜか？

三を越えると秩序が乱れる

次項に記すように、古代の日本人は三つのものが揃《そろ》った形を、完全な形と考えていた。違った立場の三人で話し合えば、最終的には意見が二対一になって、なんとか落ちつく。

図11　お札の祭り方

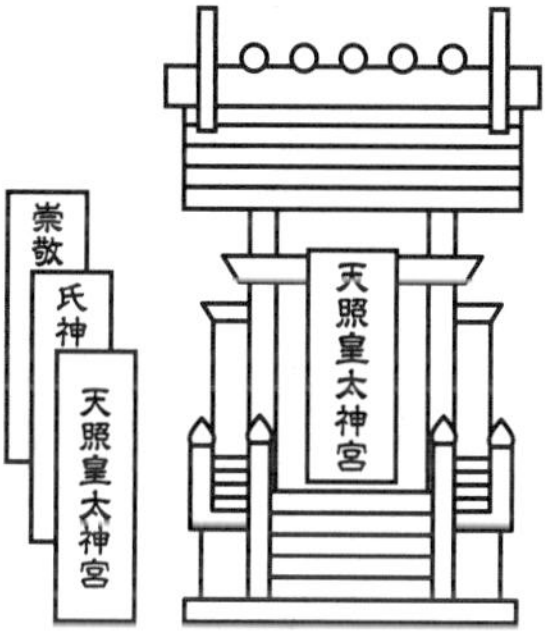

一社造の宮形

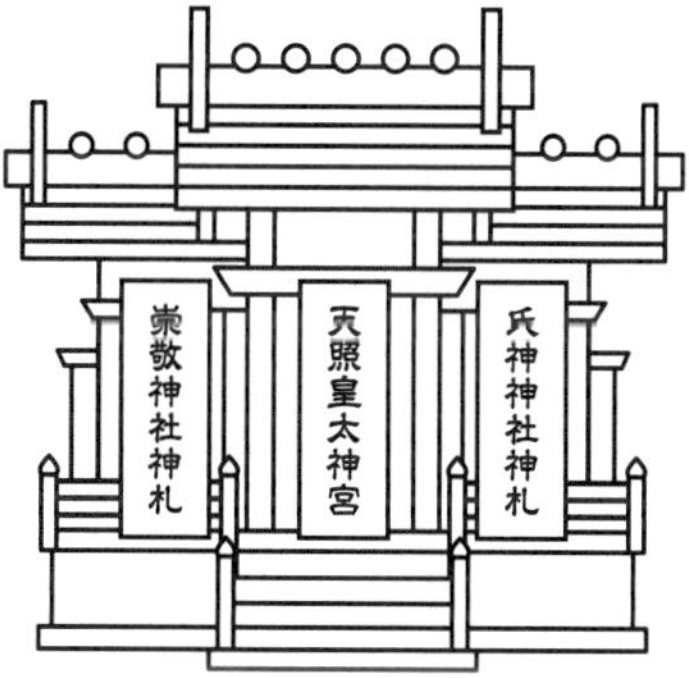

三社造の宮形

※上記は、便宜上、お札を宮形の正面に示したが、
　通常は、お札は扉の中に納められている

しかし四人、五人がさまざまな主張を出してしまうと、収拾がつかなくなる。こういった発想から現在の神道では、

「家を守る神様は、三柱まで」

とされたのである。

一つの神社には多くの神様が祭られていることが多いが、それは、

「みんなの力を合わせて人間の多様な願いを叶えよう」

とする発想にたつものである。金運を求める者にはお稲荷様が対応し、学問上達を目指す者は天神様が助けようというのである。

しかし一家族が願うことなら、おおむね天照大神と氏神様の力で事足りるとされたのだ。

崇敬神社を祭る意味

神棚に置かれたお札を納める宮形には、一社づくりのものと三社づくりのものがある。

一社づくりの宮形には、二社もしくは三社のお札を重ねて祭る。

そして三社づくりの宮形では、一社ごとに一つのお札を納める。

日本人の大部分が農業に従事していた江戸時代までは、天照大神のお札を祭るだけで事足りた。しかしさまざまな職業、さまざまな立場、さまざまな出身地の者がいる現在では、第三位のお札となる崇敬神社を祭る家が多い。

その家の職業の守りとなる神様。その家の主人の出身地の土地を守る氏神つまり産土神。その他の特に縁のある神様。そういった思い入れのあるものにも助けてもらいたくなるのである。

しかし崇敬神社の神様をお祭りするときには、天照大神と家のある十地の神様に敬意を示して、崇敬神社を第三位にしなければならない。

17　三柱で一組となる神様が多いのはなぜ？

偏らない考えを重んじた日本人

古代人は、三柱で一組となる神を好んだ。これは、かれらが三という数字が完結したものを表わすと考えていたことによるものである。

『古事記』は、すべての始まりに次の三柱の神が現われたと記している。

天御中主神《あめのみなかぬしのかみ》、高御産巣日神《たかみむすひのかみ》（高皇産霊尊）、神産巣日神《かみむすひのかみ》（神皇産霊尊）この神々は、「造化三神《ぞうかさんしん》」と呼ばれる。「造化」とは、「天地の物を育成すること」を表わす言葉である。

造化三神は天地のすべての生命のもとをつくった神で、別天地に住んでいるとされる。日本全体の守り神である天照大神でも、かれらより格下の神とされる。

天御中主神は「すべての中庸」つまり偏らない心を持つ神とされる。日本人は最初に現われた神様は、誰もが求める公正な心を持つ神であることを願っていたのだ。

これに対して高皇産霊尊は高天原の神に近い天の神、つまり陽なる神である。そして神皇産霊尊は出雲の神々と親しい地の神、陰なる神とされる。古代人はこのように偏らない神が、陽なる神、陰なる神と共にいる完結した神々が自分たちを守ってくれていると考えたのだ。

円と三角を好んだ古代人

福岡県宗像《むなかた》市宗像大社の宗像三神、福岡市志賀海《しかうみ》神社の綿津美《わたつみ》三神、大阪市住吉大社の住吉三神など、同じ役割の三柱の神を祭る神社はかなりある。

これは三を完結したものを表わす数字とする、古代人の考えからなされたものである。相反する一対のものだけでは、不十分である。かならずその二者をまとめる中庸のものが必要だというのである。

土器、青銅器などの古代のさまざまな考古資料に描かれた文様には、円形と三角形のものが多い。日本の古代人は、四辺形（四角形、方形）を好まなかったらしい。

円形は、多様なものが調和して整った世界をつくるありさまを示すものである。そして三角形は、完結した世界を描くものになる。

神道では三の数字が好んで用いられるが、次項に記すように神道に関係する四の数字はきわめて少ない。

18 四方を表わす数字四からくる、四神獣と神道のつながり

四辺形と四の数字を嫌った日本人

日本史上に出てくる、数字の付いた言葉を集めた「名数表」というものがある。それを見ると私たちが目にする四の付く言葉の数が、三や五、七、八の付く言葉の数よりはるか

に少ないことに気付く。

よく知られた四の付く言葉としては、東西南北の四方、士農工商の四民、源平藤《げんぺいとう》（藤《ふじ》原《わら》）橘《きつ》の四姓（源氏などの貴い出自の家）ぐらいであろうか。神道に関連する、四が付く言葉はきわめて珍しい。

古代の日本人はきっちりした四辺形を好まなかったらしい。中国の都城をまねた、町割りをきっちり四辺形にした藤原京、平城京、平安京がつくられたことがある。

都市計画を進めるうえでは四角形の町割りは便利であろうが、平安京を最後に縦横の道路で区切った町づくりは見られなくなった。自然物にきっちりした四辺形のものがほとんどなく、四辺形は人工的な色あいをもつ。それゆえ古代の日本人はきっちりした形より、自然のままの植物、岩石などのようなあるていど崩れた形にやすらぎを感じてきたのだ。

風水と神道

陰陽五行説にたつ、風水という考えがある。中国では、風水にもとづく町づくりや家づくりが行なわれることも多かった。

中国では古くから、東西南北の四方をつかさどる四神獣という霊獣の存在が信じられてきた。陰陽五行説で、中央と四方に対応する色が決められている。中央が黄色、東が青色、南が赤色、西が白色、北が黒色というのである。

そのため東は青い青龍《せいりゅう》、南は赤い朱雀《しゅじゃく》、西は白い白虎《びゃっこ》、北は黒い玄武《げんぶ》に守られているとされたのだ。

風水はこれに対応する形で、次のような地を四神相応《しじんそうおう》の最良のところとしている。

「東に青龍が好む川、南に朱雀が降り立つ海や池、西に白虎が走る街道、北に玄武が好きな山がある土地」

奈良時代以後、神道に陰陽五行説の要素が多く取り入れられていった。陰陽五行説（陰陽道）の知識が人びとの役に立つと考えられたためである。

そのため平安時代以後につくられた神社のなかに、四神相応の地もしくは四神相応に近い地を選んでつくられたものがいくつか見られる。

19 天照大神の御子が五柱なのは陰陽五行説によるものか

天照大神と素戔嗚尊の誓約神話

前（56ページ参照）に記したように古代の日本人は、「正」、「反」、「中庸」とでも呼ぶべき性格の異なる三つのものがあって物事が落ちつくと考えてきた。そこに、中国の五を完全な数とする陰陽五行説が入ってきたのである。

それゆえ日本で、三を完全な数とする考えと五を完全なものとする説がともに広まることになった。天照大神と素戔嗚尊が互いに有力な子神を生む日本神話の誓約《うけい》の話はこのような背景でつくられた。

誓約の神話の大筋を記そう。

「素戔嗚尊が高天原を訪ねたとき、天照大神は素戔嗚尊が高天原を奪いに来たのではないかと疑った。そのため素戔嗚尊は天照大神と共に子どもを生むことによって、自分の潔白を証明しようとした。

このとき天照大神は素戔嗚尊が帯びる剣をもらって、そこから宗像三神と呼ばれる田心《たこり》

図12　誓約で生まれた子神

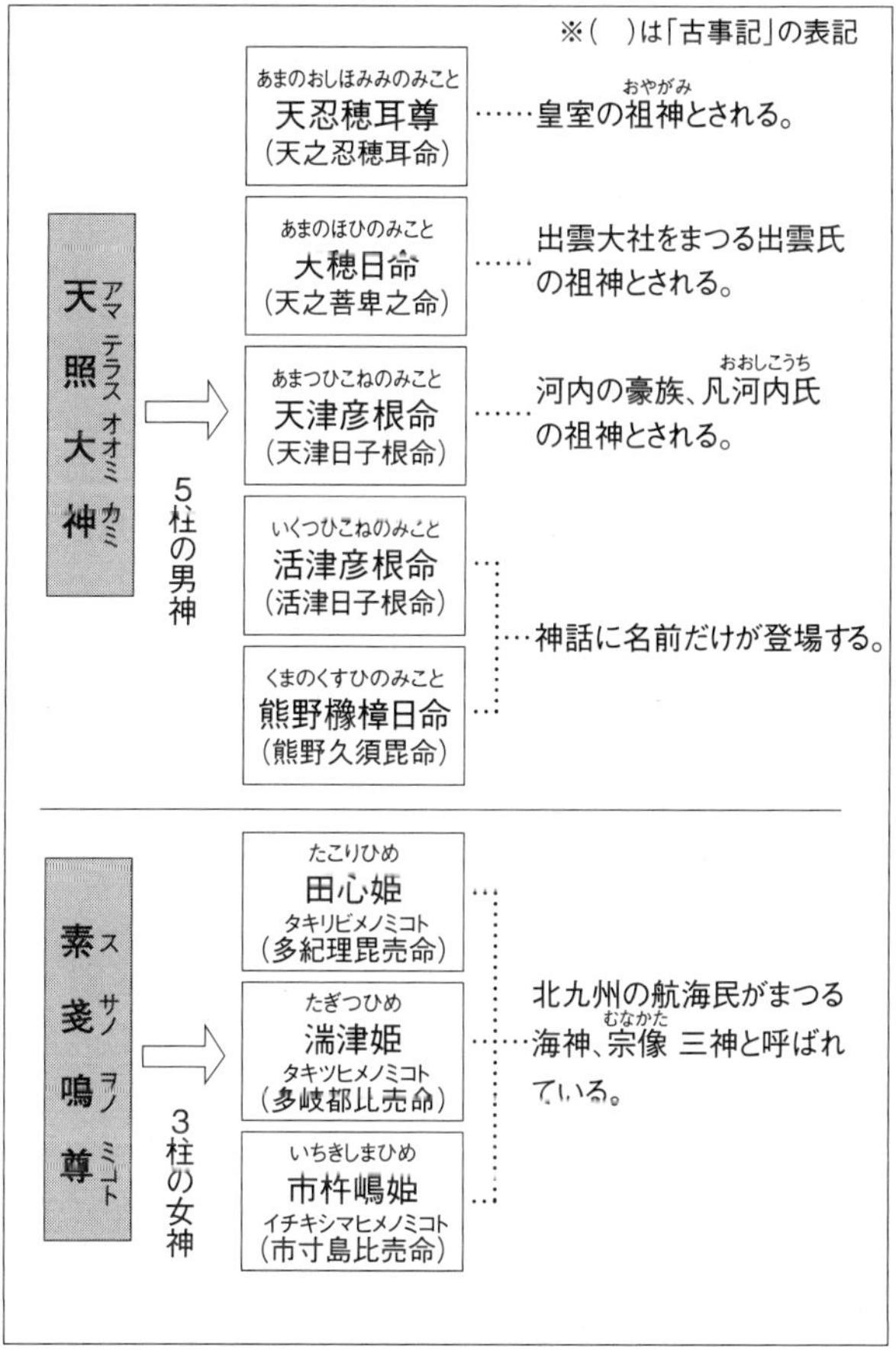
※（　）は「古事記」の表記
天照大神《アマテラスオオミカミ》
5柱の男神
天忍穂耳尊《あまのおしほみみのみこと》
（天之忍穂耳命）
……皇室の祖神《おやがみ》とされる。
天穂日命《あまのほひのみこと》
（天之菩卑之命）
……出雲大社をまつる出雲氏の祖神とされる。
天津彦根命《あまつひこねのみこと》
（天津日子根命）
……河内の豪族、凡河内氏《おおしこうち》の祖神とされる。
活津彦根命《いくつひこねのみこと》
（活津日子根命）
熊野櫲樟日命《くまのくすひのみこと》
（熊野久須毘命）
……神話に名前だけが登場する。
素戔嗚尊《スサノヲノミコト》
3柱の女神
田心姫《たこりひめ》
（多紀理毘売命《タキリビメノミコト》）
湍津姫《たぎつひめ》
（多岐都比売命《タキツヒメノミコト》）
市杵嶋姫《いちきしまひめ》
（市寸島比売命《イチキシマヒメノミコト》）
……北九州の航海民がまつる海神、宗像《むなかた》三神と呼ばれている。

姫《ひめ》などの三柱の女神を生んだ。これに対して素戔嗚尊は、天照大神が身につけていた五つの勾玉から、天忍穂耳尊《あまのおしほみみのみこと》ら五柱の男性の神を生み出した。

素戔嗚尊の剣から優しい女神が生まれたので、素戔嗚尊が悪い野心を持たないことが明らかになった。そして剣から生まれた女神は素戔嗚尊の子神、五個の勾玉から生まれた神々は天照大神の御子とされた。このときに勾玉から誕生した天忍穂耳尊は、皇室の先祖になった」

三柱の国神と五柱の天神

誓約のときに生まれた神が、三柱と五柱になっている点に注目したい。宗像三神は、古くから宗像の地を治める宗像氏が、三柱を一組として祭ってきたものであった。

これに対して天照大神の五柱の子神は、誓約の神話をまとめるときに集められたとみる他ない。皇室の祖先である天忍穂耳尊の弟神の天穂日命《あまのほひのみこと》は、出雲大社の祭司を務める出雲氏の祖先神である。

また天津彦根命《あまつひこねのみこと》、大和朝廷の王家の本拠地に近い河内《かわち》を治めた凡河内《おおしこうち》氏の祖先とされた。ところが残りの二柱は神話だけにみえる、新たに創作された神々である。

王家は五を三より格の高い数字と考えて、天照大神の子神の人数を、もとから信仰されていた素戔嗚尊の子神三柱より多い、五柱としたのであろう。

20 中国起源の五節句が神道行事となった

五の数字が好まれた中国

近代までの中国の科学技術は、陰陽五行説にたつものであった。その中の「五行説」は、すべてのものが「木《もく》、火《か》、土《ど》、金《ごん》、水《すい》」の五つの要素から成っていると説くものであった。

前の四神の説明でも少し触れたが（63ページ参照）、「木」は青い色で東の方位、春の季節をつかさどるとされた。赤い「火」は夏で南、黄色い「土」は中央で四季の中の土用《どよう》の部分、白い「金」は秋で西、黒い「水」は冬で北というのだ。

確かに近代科学でもすべての色は、赤、青、黄の三原色と白、黒から成っているとされる。五色説を唱えた人びとは、経験から三原色の原理をつかんでいたのだ。

五行の色が揃ったものがめでたいと考えられたために、古くは神事などの儀式に青、赤、黄、白、黒の五色の布が飾られることが多くみられた。

牛頭天王と五節句

一月七日の七草粥、三月三日のひな祭り、五月五日の端午《たんご》の節句、七月七日の七夕《たなばた》、九月九日の重陽《ちょうよう》の節句。これらは私たちに馴染み深いものであるが、江戸時代まではそれらを統合して五節句ということが多かった。

中国の知識人が古くから行なわれてきたさまざまな年中行事のなかで、その五つを特に選んで五節句としたのがその起源である。

中国では古くから、チベットから伝わった牛頭天王《ごずてんのう》が疫病の神として祭られてきた。この牛頭天王の信仰がさかんになる中で、五節句が特に病気を避けて健康に過ごすための祭祀として重んじられるようになっていった。

そのことに気づくと、五節句の御馳走である、七草粥、三月三日の白酒と菱餅、五月五日の柏餅とちまき、七月の素麵《そうめん》、重陽の菊酒がいずれも、元気で長生きすることを願う縁起物である意味がわかってくる。

牛頭天王信仰は陰陽道の中に取り入れられ、神仏習合の考えから牛頭天王は素戔嗚尊と同一の神とされた。そのため五節句が祇園《ぎおん》社の素戔嗚尊信仰とともに庶民に広がっていったのである。

21 神世七代は七に意味がある

七日で万事が一巡する

私たちが日常的に使う、日曜日から土曜日までの七曜の起源は、きわめて古い。古代バビロニア占星術で、七日ですべてが一巡するという考えがつくられた。それは占星術師が、日々の星の動きを観察するなかでみつけたものであった。この七曜は、紀元前五世紀頃にできたのではないかと推測されている。

それとは別に、幾つもの民族で七を完全な数字とみる考えが生まれた。古代中国の例をあげると、中国の知識人は天、地、人と東、西、南、北を合わせた「七」を神聖な数字とみていた。

この七は三や五より規模の大きい完結した数で、世界の完全なありさまを表わすものとされる。

自分の体、自分の今いる位置を中央にして、それにその上下を合わせた三と、東西南北の四とを合計すると七になる。このような計算から、世界のすべてのものは、七つに分類されるという発想が生まれたのである。

バビロニアでつくられた七曜の考えは、中近東やヨーロッパに広まっていった。しかし近代以前の中国や日本では、七曜は占星術師だけにしか受け入れられなかったが、しかし西から伝わった「七」を神聖な数字とする発想は庶民にまで広がっていった。

これは西の七日で物事が一巡するという説と、「七は中央を含めたすべての方位を表わす数字」とみる発想が漠然と結びついたためである。

七番目の神様が日本をつくった

古代の日本人は、三、五とともに七を神聖な数字とみていた。かれらはきっちり二つに割ることができる偶数を好まなかった。

前(59ページ参照)に示したように三柱で一組になる神様はいく組もあるが、七代の神様が出てくるのは、日本神話の中の特に重要な次の一例に限られる。それは七代の神様が現われて、その七番目の夫婦が大きな働きをしたと語る神世七代《かみよななよ》の神話である。これは次

図13　神世七代

1　国常立尊《くにのとこたちのみこと》

2　国狭槌尊《くにのさつちのみこと》

3　豊斟淳尊《とよくむねのみこと》

4　埿土煑尊《ういじにのみこと》　沙土煑尊《すいじにのみこと》

5　大戸之道尊《おおとのじのみこと》　大苫辺尊《おおとまべのみこと》

6　面足尊《おもだるのみこと》　惶根尊《かしこねのみこと》

7　伊奘諾尊《いざなぎのみこと》　伊奘冉尊《いざなみのみこと》

ページの表に示したように三柱の独神《ひとりがみ》と四柱の夫婦の神が次々に生まれ、その中の最後に伊奘諾尊《いざなぎのみこと》と伊奘冉尊《いざなみのみこと》がいたとする。

そして伊奘諾尊と伊奘冉尊が、日本を構成する島々と日本の国を守る神々を生んだとするものである。

この神話はもとは夫婦の神が島を生む、素朴な民話風のものであったとみてよい。大和朝廷が神話を整えるときに、それに六代の神を加えて神世七代として「七」という完結した数字をつくり、国生みの話を権威づけようとしたのである。

22 神道の清めが七草粥になる

七の数字を好んだ古代人

飛鳥時代から奈良時代の貴族たちは、「七」という数字を「ひとまとまりのもの」を表わすものとして好んだ。三や五も完結した世界を表わす数字とされたが、三角形と五角形は比較的簡単に描ける想像がしやすい形である。

それに対して七角形の姿は、簡単に思い浮かばない。こういった点から、古代人はった。


「七」を神秘的な数字とみた。

飛鳥時代の終わりに、日本を畿内《さない》と七道《しちどう》に分ける行政区画がつくられている。これは都の周辺の五か国を畿内として、それ以外の地方を交通路に沿う形で七つに分けたものであ
東海道、東山道《とうさんどう》、北陸道、山陰道、山陽道、南海道、西海道が七道になる。このなかの東海、北陸、山陰、山陽の言葉は、今でも使われている。

奈良時代に皇室は、特に重んじていた有力な寺院を、「七大寺《しちだいじ》」と呼んだ。七大寺は、東大寺、興福寺《こうふくじ》、西大寺、元興寺《がんごうじ》、大安寺《だいあんじ》、薬師寺、法隆寺《ほうりゅうじ》から成る。

若菜摘《つ》みに七草を用いるようになるのも奈良時代頃である。

朝廷では古くから、春の初めの若菜摘みの行事が行なわれてきた。これは五、六世紀には日本で広くみられた行事だったと考えられる。暦が使われる前の日本では、野の草花が芽を出す頃が春とされていた。

古代人は食用になる草花を、神様の恵みと考えた。そのため春の初めに若菜を入れた粥を神様にお供えして、そのお下がりをいただいて体を清めたのだ。この神事は「若菜摘み」と呼ばれた。

六世紀はじめに中国の暦が伝わると、現在の旧暦の元日にあたる二月の上旬頃が春の始まりとされた。中国の宮廷には一月七日に、一月一日に代わる人日《じんじつ》の節句を祝う習慣があった。

一月一日、三月三日、五月五日、七月七日、九月九日は奇数の重なるめでたい節句日だが、一月一日に元日の行事があるので一月の節句を七日に持ってきたのである。奈良時代の朝廷で、この人日の節句にならって、一月七日に若菜摘みのお祝いがひらかれるようになった。さらに奈良時代の知識人によって、一月七日の節句に用いる七種類というめでたい数字に合わせた七つの草花が選ばれた。

この宮廷の行事が長い年月をかけて各地の神社に広がり、そこから民衆の間に伝わっていったのである。

23 七つの神仏が合わさって七福神になるのはなぜ？

福の神を七つ集める

現在でも七福神詣では、正月行事としてひろく行なわれている。元日から一月七日の間の都合の良い一日を選び、その日に七か所の社寺に続けてお参りをするのである。

七福神とされる神様は、いずれも金運などのさまざまな御利益を授けてくださるありがたいお方だと考えられている。七福神はインドの神様三柱、中国の神様三柱、日本で古くから祭られた神様一柱から成る。

この中のインドや中国の神様はいずれも仏教とともに日本に入り、早い時期に神仏習合（22ページ参照）して日本の神様として祭られるようになった方々である。だから七福神巡りのときには、神社とお寺を巡ることになる。

七福神を重んじる発想は、室町時代の禅宗の僧侶によって広められた。そして商売繁昌を願う京都の商人が七福神を巡る習慣を始めたといわれる。

さまざまに解釈された「七」の数字

七福神の七つの神様の信仰のなかでもっともはやく広まったのが、恵比寿信仰である。恵比寿様を祭る西宮神社の神職が、操り人形を使って各地を巡って布教したためである。

このあと大黒天《だいこくてん》や毘沙門天《びしゃもんてん》、弁財天《べんざいてん》も、福の神として重んじられるようになっていった。この流れを受けて禅宗の、

「縁起の良い福の神を七柱集めよう」

という主張が広まったのである。かれらは日常的に「七難即滅《しちなんそくめつ》、七福即生《しちふくそくしょう》」という言葉を用いた。

「火難、水難、風難、羅刹《らせつ》（悪霊）難、刀杖《とうじょう》（武器）難、枷鎖《かさ》（投獄）難、怨賊《おんぞく》（盗賊）難」

が七難である。そして七福は、つぎのようなものである。

「寿命、有福、人望、清廉、愛敬、威光、大量（度量が広いこと）」

そのため江戸時代に入ると、寿老人《じゅろうじん》は寿命を、大黒天は有福を授けてくれるという形で、七福神のそれぞれが七福の一つをつかさどるとする説明も現われた。現代でも七福神巡りによって、七柱の神様それぞれから別々の御利益を得ようと考える人も多い。

図14　七福神の名前と由来

恵比寿《えびす》 ― 日本神話に出てくる伊奘諾尊《いざなぎのみこと》と伊奘冉尊《いざなみのみこと》の間の子である蛭子命《ひるこのみこと》(水蛭子)と、大国主命《おおくにぬしのみこと》の子の事代主命《ことしろぬしのみこと》が恵比寿様とされている。

大黒天《だいこくてん》 ― インドの神で、仏教に取り入れられた台所の神とされた仏。大国主命の別の姿ともされる。

弁財天《べんざいてん》 ― インドの川の神で、仏教に取り入れられて知恵の仏とされた。宗像《むなかた》大社や厳島《いつくしま》神社の祭神である市杵嶋姫命《いちきしまひめのみこと》の別の姿ともされる。

毘沙門天《びしゃもんてん》 ― インドの神で、のちに仏法の守護神とされる四《し》天王《てんのう》の一つとされた仏。

福禄寿《ふくろくじゅ》 ― 中国で祭られた南極星《なんきょくせい》の神。中国の泰山《たいざん》の山の神ともされる。

寿老人《じゅろうじん》 ― 中国で祭られた南極星の神で、道教の開祖である老子《ろうし》ともいわれる。

布袋尊《ほていそん》 ― 中国で九世紀後半から十世紀にかけて実在した禅僧。かれの没後、布袋尊を弥勒菩薩《ぼさつ》の化身とする信仰がつくられた。

24 子どもの無事を祈る行事の七五三を合わせると十五という完全な数字になる

七歳、五歳、三歳の祝い

七五三は子どもの成長の節目に、神社にお参りして神様に感謝する行事である。女の子は三歳と七歳、男の子は五歳のお祝いをする。現代では七五三の祝いの日に、祝われる子供によそ行きの服を着せて、お参りの後に記念写真をとることが多い。

このような七五三は、江戸時代に広まったものである。それまでにも七五三に近い行事はあちこちでみられた。三歳前後に、男児も女児も髪をのばす髪置きを行なう。そして男の子は五歳で袴《はかま》をはく袴着を、女の子は七歳で子供用の帯を解いて大人の帯をしめる帯解きを行なう。

こういった行事を合わせて、七五三がつくられた。そしてそのお祝いの縁起物として、長寿を願う細長くつくられた千歳飴が売られるようになった。

図15　魔法陣

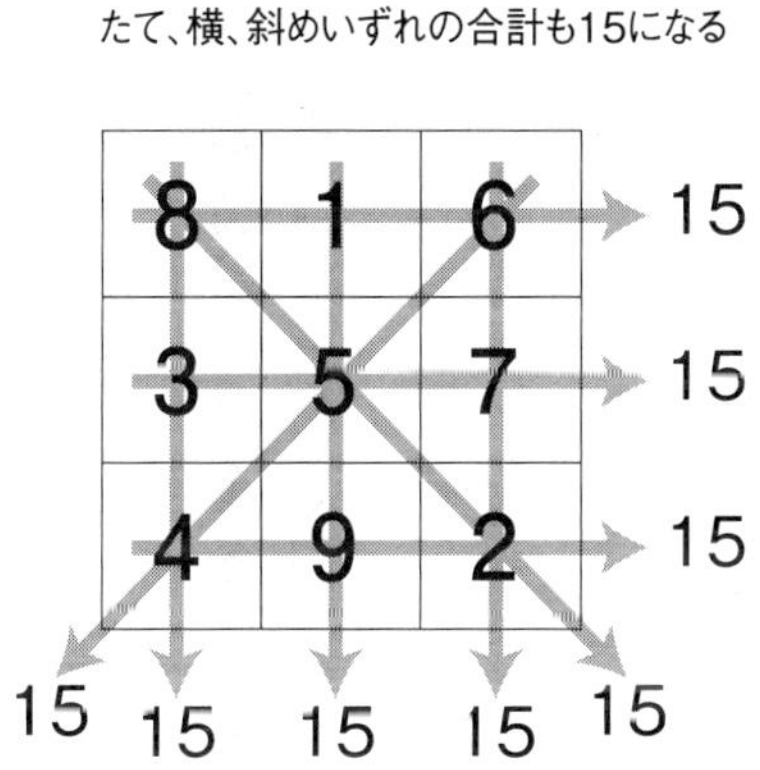

インド数学の十五の数字

七五三の行事は、十一月の十五日つまり七と五と三を足した十五になる日に行なわれる。七も五も三も一つのまとまりを表わす数字であるが、それらを集めた十五も完全な数字と考えられていた。

古代インドでは数学がさかんであったが、そこの学者の一人が数学のパズルとして魔法陣を考え出した。それは、

「一から九までの数字を一辺に数字を三つ置く正方形に並べて、縦、横、斜めのいずれを足しても同じ数になる図式をつくりなさい」

という問いの答えとなるものである。一桁の数字を（上の図のような）魔法陣の形に並べると、すべての方向の和が十五になる。こ

の魔法陣の考えが広まって、十五が完全な数字とされるようになったのである。

それとともに江戸時代に使われた旧暦では、十五日は満月の日にあたる。そのため江戸時代の人びとは、完全な数字の日で、欠けたところのない満月が見られる日に神社に詣でた。それによって子供が、欠点のない円満な人間に育つことを願ったのである。

25 八幡神社の「八」は多くのものを意味するもの

古代人が最大の数字と考えた八

きわめて古い時代の日本人は、一から八までの数字しか認識していなかったのではあるまいか。八個以上のものは、かれらにとってすべて「たくさん」と感じられたのであろう。

そのため日本神話の中には、単に多くのものを表わす「八《や》」、「八十《やそ》」、「八百《やお》」、「八千《やち》」、といった言葉が多く出る。

伊奘諾尊が筑紫《つくし》の日向《ひむか》の海岸で身を清めたときに、かれが落とした穢《けが》れによって「八十《やそ》枉津日神《まがつひのかみ》」という穢れた神が生まれたという話がある。この神の名前の「八十」は、八十の穢れではなく多くの穢れを表わす。

国家の「君が代」の中の「千代に八千代に」の八千代も、八千年生きることではなく長く生きることをさすものである。

頭を八つ持つ宇佐の神

前（24ページ参照）にも記したように日本各地にみられる八幡神社や八幡宮は、宇佐市の宇佐神宮から広まったものである。宇佐神宮は宇佐八幡とも呼ばれる。

この「八幡」は、「やわた（八旗）の神」を祭ることによってつくられた名称である。宇佐神宮は海の神様を祭る神社で、そこの神様は豊漁をもたらすとされた。八旗の旗は多くの大漁旗を表わすものであった。

『宇佐託宣集《うさたくせんしゅう》』という宇佐神宮の古い記録に、宇佐神宮の祭神が八つの頭を持つ老人であったとする次のような記録がある。

「古代に宇佐の神職を務めた大神《おおが》氏という豪族の先祖に、大神比義《ひぎ》という人物がいた。かれは宇佐神社の裏山にあたる小倉山《おぐらやま》で、八つの頭を持つ老人に出会った。

比義の見る前で、老人は金色の鷹に変わった。さらに比義が語りかけると、金色の鷹は金色の鳩になって比義の袂に止まった。比義がその鳩を連れ帰って三年間祭ったところ、鳩は美しい少年となってこのようなお告げを下したという。『我れは韓国《からくに》（朝鮮半島）の八幡《やわた》の幡《はた》の神であったが、天より降りこの地の守り神になってあげよう』

この縁によって、大神比義の子孫が代々、宇佐神宮を祭ることになったという。

この伝説に出てくる八つの頭をもつ老人の八つの頭は、「多くの知恵」を表わすものと考えられる。

26 頭と尻尾が八体分ある八岐大蛇が欲しがった山の神の孫娘

八岐大蛇は山の神

日本人に広く知られる、素戔嗚尊の八岐大蛇《やまたのおろち》退治の神話がある。『古事記』などは八岐大蛇を頭が八つ、尾が八つある怪物として描いている。しかしこの八岐大蛇は古くは人びとに信仰された「多くの知恵をもつ山の神」であったと考えられる。

桜井市大神神社で祭られる大物主神（25ページ参照）などの、蛇の姿をした山の神の例がいくつかある。古代人は湿った地にすむ蛇を、水の恵みをもたらす神と考えていた。

『古事記』などは、八岐大蛇が奇稲田姫《くしなだひめ》を生け贄に求めたために素戔嗚尊に斬られたと記している。この奇稲田姫とは、「美しい稲が育つ田」の名を持つ農耕神である。松江《まつえ》市の市街地を抜けて山地に入ったところに奇稲田姫を祭る八重垣《やえがき》神社がある。

山の神を祭る田の神

奇稲田姫などの女性の農耕神を祭る神社には八重垣神社のように山の入口につくられたものが多い。これは古い時代の、

「田の神が山の神の妻となって山の神を祭り、山の神から水の恵みをもたらしてもらう」

という信仰によるものだ。ところが山の神に対するそのような素朴な信仰が後退したあと、大和朝廷によって奇稲田姫を素戔嗚尊の妻とする神話が整えられた。

この時点で奇稲田姫は、最も権威のある山の神、大山祇神《おおやまつみのかみ》の子孫とされた。姫を山の神の親族にして、出雲の新たな統治者である素戔嗚尊が山から流れてくる水の恵みを得られるようにしたのである。

27 八百万の意味は八の無限大

古い時代の数のとらえ方

六世紀なかばから日本人は、大陸の文化や技術を意欲的に学び始めた。五三八年の仏教伝来は、この変化のきっかけとなったものだ。

古代日本の姿は、六世紀なかばに始まる飛鳥時代から、大きく変わった。この転換の前つまり大和時代と呼ばれる六世紀はじめ以前の日本人の数の観念はきわめて曖昧《あいまい》なものであった。

「八」がたくさんを表わし、「百《もも》」、「千《ち》」という言葉は、とてつもなく多いありさまを表現するものであった。日本神話に高天原で乱暴をして天照大神を怒らせた素戔嗚尊が、「千位《ちくら》の置戸《おきど》」という捧げ物をさし出して罪のつぐないをしたという話がある。

この「千位の置戸」は千個の台に盛られた神への供え物をさす言葉である。ここの千個の台とはきっちり千の台ではなく、「数えきれないほど多くの台」を表わしている。

多くの数の倍数

前（32ページ参照）にあげた大国主命の別名の中に、「八千戈神《やちほこのかみ》」というものがある。
これは、大国主命が武芸の神とも考えられた古い時代から伝わる名前だとみられる。
八千戈とはきわめて多くの武器であるが、この数は現代人が考える八千の数字とは異なる意味のものになる。それは「八」という多くの数を、「千」という無限に近い数字だけ集めたもの、つまり「多数」かける「無限」になる。

前（15ページ参照）にあげた「八百万の神」の「八百万」は、八千戈の八千より多い「多数」掛ける無限大となる。

無限を表わす百、千、万などを除けば、神道で古代から用いられた数字は、八以下ということになる。

28 修験道を介して取り入れられた九字切り

「九」の数字を重んじた陰陽道

陰陽五行説は古代の日本人が「多数」を表わすのに用いた八より一つ多い九を、「最も極まった数字」としていた。この考えは、日本の陰陽道にも取り入れられた。
現代でも日本で、陰陽道にたった九星占術がひろく行なわれている。それは九日、九か月、九年で、物事が一巡すると説くものである。九星の考えにたつ暦には、年にも、月にも、日にも一つずつ異なる性格をもつ一白水星《いっぱくすいせい》から九紫火星《きゅうしかせい》までの九つの星が付されている。
つまり四緑の年の六白の月の五黄の日となるような形になる。そのためすべての時間が九星に運営されており、その日の年月日の星にあった運の流れをもつ日になるというのだ、
これとは別に、陰陽道には呪力を持つ九個の文字を連ねる九字《くじ》の呪法というものがあった。

魔を退ける九字

中国では次の九個の文字が、九字とされた。

「臨《りん》、兵《ぴょう》、闘《とう》、者《しゃ》、皆《かい》、陣《じん》、列《れつ》、前《ぜん》、行《ぎょう》」

しかし日本ではこの九字が、次の順番で唱えられることが多い。

「臨《りん》、兵《ぴょう》、闘《とう》、者《しゃ》、皆《かい》、陣《じん》、列《れつ》、在《ざい》、前《ぜん》」

この言葉を唱えて、災いを避けることができる。また一定の手順で手を縦横に動かしながら九字を唱えるとより効果があるといわれる。

平安時代末から熊野三山や出羽《でわ》三山で、神道と天台宗、真言宗の呪術とを融合させた修験道がつくられ、急速に広まっていった。この修験道の中に、九字切りをはじめとする陰陽道の呪術が多く取り入れられた。室町時代に京都の吉田《よしだ》神社が広めた吉田神道にも、陰陽道が取り入れられている。

29　二〇年ごとに行なわれる伊勢神宮の遷宮

遷宮の始まり

日本の神様に関わる数字の大部分は、九以下つまり一桁のものになる。神事には十を越える数字はほとんど見られないのである。

十を越える数字としては、十二支がらみの神事の例がみられるだけである。これは陰陽五行説にたつ暦を取り入れたものである。

その上の数字として、二〇年に一度の伊勢神宮の遷宮にまつわる「二〇」がある。しかしこの二〇の数字に、特別のいわれはない。

遷宮の年に伊勢神宮の社殿や拝殿は、すべて新しいものに取り換えられる。そして神様を新たな建物にお遷《うつ》しするためのさまざまな儀式がひらかれる。

遷宮の年の伊勢神宮は、参拝者でにぎわう。遷宮にちなんで、ふだんは見られない伊勢神宮の文化財や神事関連の器物が特に展示される。

伊勢神宮に、最初の遷宮が持統《じとう》四年（六九〇）に行なわれたという記録がある。大和朝廷は百数十年にわたって大神神社の近くの檜原村《ひばらむら》（桜井市）で、天照大神を祭ってきた。飛鳥時代の終末に近い六九〇年からそう遠くない時期に、皇室の天照大神の祭祀の場が檜原村から伊勢に移されたのであろう。

現代まで続く遷宮

平安時代なかばに朝廷の法令を集めた『延喜式《えんぎしき》』という書物に、つぎのような規定がみえる。

「凡《およ》そ大神宮（伊勢神宮）は二〇年に一度、正殿・宝殿・および外幣殿《とのみてぐらどの》を作り替えよ」

この規定に従って、二〇年に一度の遷宮が続けられたのである。伊勢神宮の建物はすべて白木づくりであった。年がたてば木材が腐朽するのは明らかなので、早めに社殿をつくって御神体を新たな建物に移したのだ。

戦国時代に一二三年間にわたって、遷宮が中断してしまった時期もある。しかしそのような混乱を除外すれば、伊勢の遷宮は平成二五年（二〇一三）の第六二回遷宮祭まで連綿と続けられてきた。

遷宮は八年をかけた大事業で、その神事には御用材一万四千本が必要になる。遷宮の手間を考え、御用材を調達する御杣山《みそまやま》の自然に負担をかけないように配慮して、二〇年に一度の遷宮が妥当だとされたのであろう。

遷宮にあたって、社殿に納める御装束、神宝なども一新される。これは古い建物や品物についた穢れを清めようとする、常若《とこわか》の考えからなされるものである。

30　六〇年ごとに行なわれる出雲大社の遷宮

六〇年で一巡する干支

陰陽道には、物事が一〇回、一〇か月、一〇年で一巡するという十干《じっかん》の考えと、すべてが一二日、一二か月、一二年でひとめぐりするという十二支の考えがある。そのために陰陽道にたつ暦は必ず十干と十二支とを組み合わせた干支《かんし》（「えと」とも訓《よ》む）が記されている。

次ページの図に示したように、甲《こう》から癸《き》までの十干と子《ね》から亥《い》までの十二支を組み合わせていくと六〇回に一度の割合で同じ干支が巡ることになる。つまり物事の始まりとされる甲子の年は、前の甲子の年の六〇年後つまり六一年目になるのである。

このようにもとの干支の年が再び訪れることを、「干支が一巡する」という。今でも生まれたあと干支が一巡した年である数え年の六十一歳を喜ぶ還暦《かんれき》の祝いが行なわれている。

出雲大社の大遷宮は、この干支の一巡に合わせて六〇年後、つまり前の大遷宮の六一年

図16　十干と十二支

【十干表】

五行	陽	陰
木	甲(きのえ)	乙(きのと)
火	丙(ひのえ)	丁(ひのと)
土	戊(つちのえ)	己(つちのと)
金	庚(かのえ)	辛(かのと)
水	壬(みずのえ)	癸(みずのと)

【十二支表】

五行	陽	陰
木	寅	卯
火	午	巳
土	辰・戌	丑・未
金	申	酉
水	子	亥

【六十干支表】

1	甲子 きのえね	11	甲戌 きのえいぬ	21	甲申 きのえさる	31	甲午 きのえうま	41	甲辰 きのえたつ	51	甲寅 きのえとら
2	乙丑 きのとのうし	12	乙亥 きのとのい	2	乙酉 きのとのとり	32	乙未 きのとのひつじ	42	乙巳 きのとのみ	52	乙卯 きのとのう
3	丙寅 ひのえとら	13	丙子 ひのえね	23	丙戌 ひのえいぬ	33	丙申 ひのえさる	43	丙午 ひのえうま	53	丙辰 ひのえたつ
4	丁卯 ひのとのう	14	丁丑 ひのとのうし	24	丁亥 ひのとのい	34	丁酉 ひのとのとり	44	丁未 ひのとのひつじ	54	丁巳 ひのとのみ
5	戊辰 つちのえたつ	15	戊寅 つちのえとら	25	戊子 つちのえね	35	戊戌 つちのえいぬ	45	戊申 つちのえさる	55	戊午 つちのえうま
6	己巳 つちのとのみ	16	己卯 つちのとのう	26	己丑 つちのとのうし	36	己亥 つちのとのい	46	己酉 つちのとのとり	56	己未 つちのとのひつじ
7	庚午 かのえうま	17	庚辰 かのえたつ	27	庚寅 かのえとら	37	庚子 かのえね	47	庚戌 かのえいぬ	57	庚申 かのえさる
8	辛未 かのとのひつじ	18	辛巳 かのとのみ	28	辛卯 かのとのう	38	辛丑 かのとのうし	48	辛亥 かのとのい	58	辛酉 かのとのとり
9	壬申 みずのえさる	19	壬午 みずのえうま	29	壬辰 みずのえたつ	39	壬寅 みずのえとら	49	壬子 みずのえね	59	壬戌 みずのえいぬ
10	癸酉 みずのとのとり	20	癸未 みずのとのひつじ	30	癸巳 みずのとのみ	40	癸卯 みずのとのう	50	癸丑 みずのとのうし	60	癸亥 みずのとのい

後に行なうのが望ましいとされている。

九年掛かりの平成の大遷宮

平成二五年（二〇一三）に、出雲大社の平成の大遷宮が行なわれた。これは新たな社殿を建てるものではなく、屋根の葺《ふ》き替えと老朽化したところの修理を行なう形のものであった。それでも大遷宮祭は、平成二〇年（二〇〇八）の仮殿遷座祭《かりでんせんざさい》から、すべての修造を終える平成二八年（二〇一六）にいたる。足掛け九年間に及ぶものであった。仮殿遷座祭とは、社殿を修理する前に御神体を仮殿にお遷しする儀式である。

現在の出雲大社の社殿は、江戸時代の四代将軍家綱《いえつな》によって寛文七年（一六六七）に建てられたものである。そのあと文化六年（一八〇九）、明治一四年（一八八一）、昭和二八年（一九五三）の三度の大遷宮が行なわれた。これは、屋根の葺き替えを中心とした修理に終わっている。六〇年に一度、莫大な費用を要する大遷宮を行なうのは容易ではないのである。

第二章

これは神様なのか？　違うのか？

31 道祖神はお地蔵様とは違うのか?

村落の入口を守った道祖神

日本人は古くから、村落の入口に悪霊が村に入ってくるのを防いでくれる神様がいると考えていた。古代人は、人びとが住む家が集まっているところと、村落の人びとが耕作する農地を合わせた範囲を一つの世界と感じていた。そのため一つの小さな世界の外側を取り囲む境界に、村落の入口を守る神様がいると考えたのである。

村落を守る神様は、目に見えない霊魂の集まりとされていた。弥生時代の後半になると、村落どうしの行き来が盛んになって道路がしだいに整備されていった。

この動きの中で道路上の一つの村落と外の世界との境界で、道を守る神が祭られるようになった。『日本書紀』に岐神《ふなとのかみ》という名の道を守る神がある。

岐神が衢神《ちまたがみ》と呼ばれる、ともあった。岐神や衢神は、一つの村落の住民だけでなく旅人も守るものと考えられた。役にたつ商品や情報をもたらす旅人が、人びとに歓迎されたからである。

石のお地蔵様の出現

奈良時代以後、岐神が中国風に道祖神《どうそじん》と呼ばれることが多くなった。そして道祖神は、瓊々杵尊が地上に降るとき（44ページ参照）に道案内をつとめた猿田彦命《さるたひこのみこと》とされるようになった。

道祖神が神社で祭られていることもあるが、道祖神の多くは道路の脇の石を御神体とする形のものである。それには、美しい形の自然石に「道祖神」などと刻んだ文字碑、石で刻んだ神像などのさまざまなものがある。

道祖神が置かれた衢と呼ばれる道の交じわるところは、村落の出入口であるとともに、あの世とこの世の境と考えられていた。

「亡くなった人びとの霊魂は、村の境界まで人間の住む世界を歩んでいき、そこから神々の世界に入っていく」

というのである。

平安時代末頃から、あの世で迷う人びとの魂を救う地蔵菩薩《じぞうぼさつ》に対する信仰が広まっていった。そのため人びとは、迷わず極楽浄土に行けるように願ってお地蔵様を拝んだ。

この動きの中で、あの世との境界でもある道祖神の石が、お地蔵様の石像に替えられるようになった。今でもあちこちに見られる坊主頭で優しい表情をしたお地蔵様は、仏様であるとともに道路を守る神様であるとされたのだ。

32 招き猫は神様なのか?

世田谷の豪徳寺から広がった縁起物

可愛い表情をして片手を上げた招き猫は、人気の高い縁起物である。これは江戸時代に商家に広まったものである。

東京都世田谷区に豪徳寺《ごうとくじ》という寺院がある。そこは、江戸時代に彦根《ひこね》藩主井伊《いい》家の菩提寺とされた、有力な寺院である。豪徳寺と井伊家のつながりについて、次のような伝説がある。

「寛永《かんえい》元年(一六二四)に彦根藩の二代藩主井伊直孝《なおたか》が鷹狩りの帰りに豪徳寺の前を通りかかった。すると寺の中から手招きする猫がいた。直孝が猫に心ひかれて入っていくと、それまで直孝のいたところに雷が落ちた。猫に救われたことを感謝した直孝は、豪徳寺を菩提寺にしてそこを厚く保護した」

このあと豪徳寺が、そのときの猫にちなむ招き猫の縁起物を授けるようになったというのである。現在でも豪徳寺は、「招福猫児《まねきねこ》」と名付けた、大小さまざまな招き猫を授与している。

信ずる心が神様をつくる

招き猫が広まる中で、東京都の浅草《あさくさ》の今戸《いまど》神社のような、招き猫の宣伝につとめる神社も現われた。現在では社寺の社務所に、招き猫の形をしたお守りを授けるところもいくつもみられる。

招き猫を飾って商売繁昌を願い、あれこれ工夫しながら仕事に励めば家業は栄える。このように考えて、

「招き猫は神様のお札と同じ人びとが立派な生き方をするように見守るものである」

と言えば、小さな招き猫も神様になる。日本では人びとの心に良い働きかけをするものは、すべて神様とされるのである。

33 大日如来は天照大神なのか？

密教寺院が最も重んじる大日如来

古い時代の仏教の信者たちは、釈尊（ガウタマ・シッダールタ）だけを仏《ほとけ》と崇めて、釈《しゃ》迦如来《かにょらい》（釈迦仏）だけを祭っていた。ところが仏教にさまざまな考えが出てくると、釈迦如来以外のさまざまな仏（如来）も信仰されるようになった。

密教とは、

「人間が修行によって、仏に近い呪力を身に付けることができる」

と説く諸宗派である。密教僧がまつるのが、大日如来《だいにちにょらい》である。大日如来は宇宙の真理と呼ぶべき仏であり、人間は大日如来の力をかりて生きながら仏になれるとされる。

神仏習合でもてはやされた大日如来

平安時代に起こった天台宗《てんだいしゅう》と真言宗《しんごんしゅう》は、密教の呪術を行なって皇室や貴族の保護を受けて栄えた宗派である。平安時代には有力な神社の多くが神仏習合をとり、天台宗や真言宗の社僧を迎えてしきりに呪術を行なっていた。

この時代の密教僧たちは、日本で最も権威のある天照大神と大日如来とを同一のものと考えた。

「大日如来が神として日本に仮に現われた姿が天照大神である」

と唱えたのである。

そのため神仏習合した神社で、大日如来を祭る仏殿を設けるものもあった。また大日如来の像が、神社の神宝として伝えられてきた例もある。

大日如来は、「神社でひろく祭られてきた仏」という意味で神様に近いものといえる。

34　庚申塚の三匹の猿は何者なのか？

道教からくる庚申信仰

「見ざる、聞かざる、言わざる」の、三猿《さんえん》の絵や彫刻がある。自分の手で目隠しした猿、手で耳をふさぐ猿、手で口を押さえる猿を描写したものだ。これは庚申《こうしん》信仰からつくられた、「余計なものに興味を持つな。余計なことは言いふらすな」と人びとを戒めるものである。

江戸時代には十干と十二支が庚申になる日に、人びとが集まって夜明かしをする庚申講《こう》がひろく行なわれていた。

中国の道教に、次のような三尸《さんし》説がある。

「すべての人間の体の中に、三尸という三匹の虫がいる。この三尸は庚申の日の夜に人が眠っている間に、体を脱け出して天帝《てんてい》（中国の神様）のもとに行って、自分たちが宿る者の悪事を天帝に告げる」

そのため古代中国の貴族は、三尸が天帝のもとに行かないようにするために庚申の夜を寝ずにすごした。そのため庚申の夜に、気の合った仲間が集まって語り合って過ごす庚申待ちがひろく行なわれた。

庚申塔が建てられる

中国の庚申待ちの習俗は、平安時代なかばに朝廷に取り入れられた。天皇を中心とする庚申待ちの宴遊が、定期的に開かれるようになったのである。

江戸時代になると修験者などの布教によって庚申待ちの習俗が庶民にも広がった。その

栃木県　日光東照宮の三猿　見ざる・聞かざる・言わざる（写真／毎日新聞社）

東京・新宿の筑土八幡神社境内にある
庚申塔はちょっと変わった二匹の猿（写真／毎日新聞社）

ため一つの地域の住民が集まって行なう庚申講が全国的にみられるようになった。

この時代には、

「庚申講を一定の回数でやれば、三尸はおそれおののき、天帝のもとに行かなくなる」

という説が広まった。それとともに青面金剛《しょうめんこんごう》という三つの目と六本の腕を持つ仏が、三尸を鎮めてくれると考えられるようになった。この青面金剛は、時には猿の姿で人びとの前に現われるといわれた。

そのため神仏習合の考えから、猿田彦命が青面金剛と同一のものともされた。庚申講が広まる中で三年間庚申待ちをして三尸の難から逃れた人びとが、青面金剛や猿田彦命に感謝して路傍に庚申塔を建てる習俗も生じた。庚申塔の石碑には青面金剛の姿や猿田彦命の文字が彫られた。青面金剛の化身が猿であることから、庚申塔に三猿の絵も用いられた。

猿の姿が可愛いので、三猿の絵は急速に広まっていった。

「庚申塔をお参りすれば三尸の難だけでなく諸難も避けられる」

と言われた。三猿は間違いなく神仏習合した神様なのである。

35 家の守り神とされるオシラサマと座敷童は別の神？

家の守り神を巫女が供養する

東北地方の旧家には、家の守り神としてオシラサマを祭るものがみられる。オシラサマは、五、六センチメートルほどの桑の木の上部を、紅綿か錦織の布片で覆《おお》ってつくられている。

神棚にオシラサマを安置し、正月や一定の日に行なわれるオシラ講の日に、村を巡回する巫女に供養してもらう。

このオシラサマは、古い時代から信仰されてきた家を守る神の流れをひくものとみられる。縄文時代の住居に土偶などを祭る祭壇がみられる。現在の神棚にいたるこのような家の中に神様を祭る習俗は日本で長く受け継がれてきたものなのである。

座敷童の住む家は栄える

岩手県などに、座敷童《ざしきわらし》の伝説が多くみられる。現在でも、「座敷童が出る部屋」と呼ばれるものがいくつかある。座敷童は小さな子どもの姿をした神様で、気が向いたときに人びとの前に姿を現わすともいわれる。

「座敷童がいると家は栄えるが、家の当主が信仰心をもたないと座敷童はよそに行ってしまう」

とされる。古い時代にオシラサマの精霊が、人の前に姿を現わしたものが座敷童とされていたのであろう。座敷童の伝説は、人びとに、

「オシラサマなどの家の祭りを怠ってはならない」

と教えるためにつくられたものと考えられる。

36『竹取物語』の月に帰った輝夜姫は神様なのか？

平安時代に祭られた富士山の女神

現在は富士山の神は、最も格の高い山の神である大山祇神《おおやまつみのかみ》の娘、木之花咲耶姫《このはなさくやひめ》と考えられている。そのため静岡県富士宮《ふじのみや》市の富士山本宮浅間《せんげん》大社などの富士山周辺の富士山を祭る神社の祭神は、木之花咲耶姫とされる。

しかし平安時代には、富士山を治める女神は、輝夜姫《かぐやひめ》と呼ばれていた。その神は噴火の神様であった。真夜中を真昼のようにする、噴火の火柱のありさまを夜を輝かせる「かぐや」と表現したのである。

古代の日本人は、しばしば大噴火をして人びとに災いをもたらす富士山を、大いに恐れ敬ったのである。富士山だけでなく阿蘇山《あそさん》、御嶽山《おんたけ》などの有力な火山も、恐ろしい神とされていた。

不老不死の薬が富士山の煙に

平安時代に書かれた『竹取物語』は「かぐや」という姫の名を、光り輝くほどの美しさを表わすものとしている。かぐや姫は五人の朝廷の有力者や天皇の求婚を断って、月の世界に帰っていったとされる。

この話の中に一か所だけ、富士山が出てくる。かぐや姫は月に帰る前に不老不死の薬を飲み、同じ不老不死の薬を天皇にも贈ったが、天皇は、

「姫がいなければ、不老不死の薬など必要ない」

と考えた。そのため富士山の頂上で薬を焼かせたところ、その煙が永遠に消えなかっ

た。そのため富士山は、煙を上げているというのである。富士山という火山の命が永遠に続くように、そこの女神かぐや姫も不老不死であるというのである。

37 蛇を竜に変化させた中国の水神

古代の日本は蛇とサメを水の神とした

古代の谷川や池や湿地には、多くの蛇がいた。その中にはマムシのような毒を持つものもあった。この蛇は水路を蛇行し、脱皮して成長する不思議な生態をとっていた。

そのため古代の日本人は蛇を恐れ、かれらを水神として崇めた。蛇神は稲を育てる水をもたらす農耕神とされた。

一方、漁民たちは人間より大きな体をもつサメを恐れた。運悪く、サメに食べられたり傷つけられたりすることもある。そのため海岸に住む人びとは、サメを「鰐《わに》」と呼んで海神もしくは海神のつかいとした。

中国などでは、水の神として竜神様が信仰されていた。しかし『古事記』などには、水の神としての竜は登場しない。

図17　「異界妻」伝説の広まり

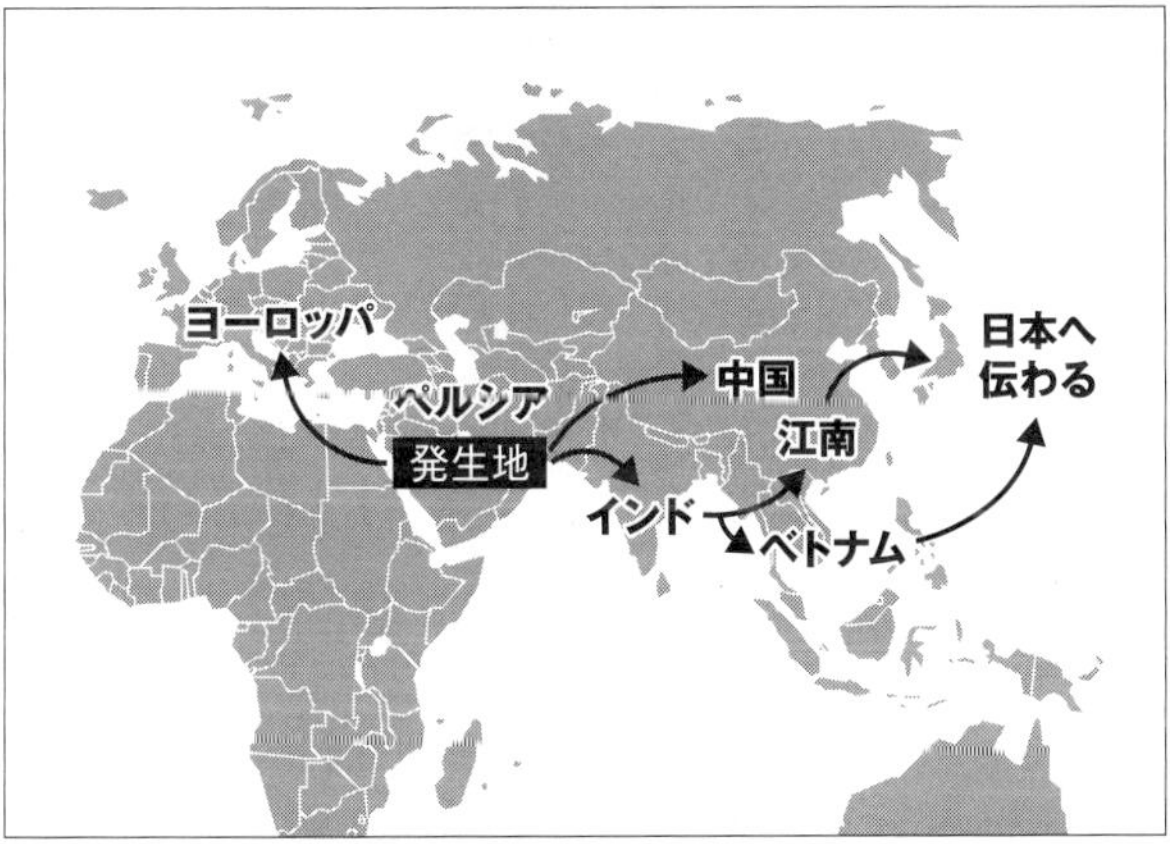

日本に入った竜神信仰

竜神信仰は、古代エジプトから世界各地に広まったと考えられている。エジプト人は、蛇に角、足などを付けた竜を祭った。この竜が西洋では翼を持った悪竜ドラゴンになった。そしてインド、中国、東南アジアでは人びとを見守る水の神である竜神信仰を広まることとなった。

仏教では、八大竜王や九頭竜神《くずりゅうじん》が祭られてきた。そして日本でも天台宗などが平安時代から仏教の竜神信仰を取り入れて広めていった。祈雨、治水、豊作を竜神の霊力に願う仏事が各地の寺院で行なわれるようになったのである。

鎌倉時代以後に、浄土宗《じょうどしゅう》が庶民に広ま

る。この浄土宗の寺院では、本堂の後方で水の神である玉誉竜神《ぎょくよりゅうじん》と龍誉高天《りゅうよこうてん》が祭られた。

仏教の竜神信仰は、神仏習合によって神道にも取り入れられた。祇園社で祭られる素戔鳴尊と習合した牛頭天王（68ページ参照）は、古くは竜の姿をした水の神であった。そのため夏に行なわれる各地の祇園祭は疫病除けの他に、豊作をもたらす雨を願うものとされていた。

38 竜神も犬神も火事除けの守り獣とされた

竜神を祭る家は火事にならないといわれた

人びとが木造家屋で生活していた時代には、火事は最も恐ろしい災難とされていた。そのため後（132ページ参照）で述べるように、愛宕《あたご》神社や秋葉《あきば》神社の火の神がひろく祭られていた。

このような信仰の他に、

「竜神様がおられる家は、火事にならない」

という俗説もあった。筆者も若いとき農村に住む老人との雑談で、この話を二度聞いた

図18　お犬様の広がり

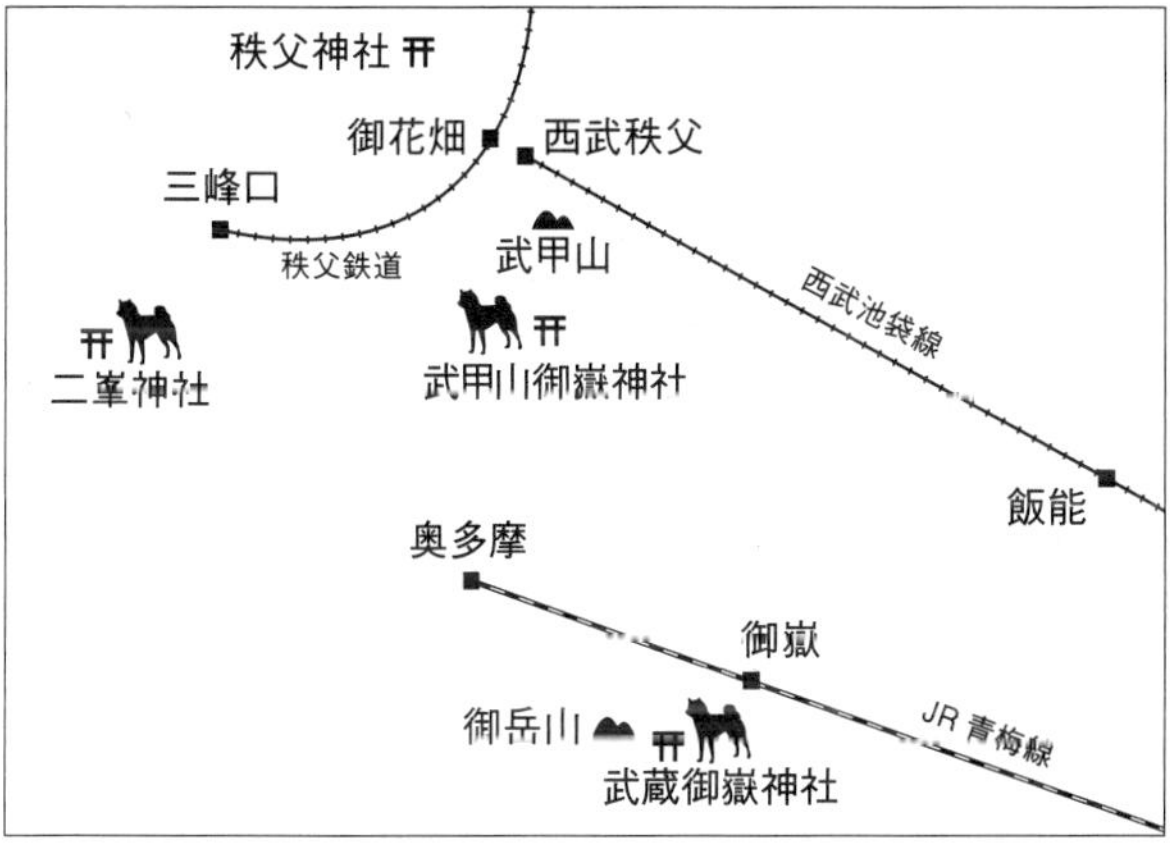

ことがある。

「竜神様は水の神なので、火の災いを抑える力を持つ」

と考えられたのである。そのため水に縁のある神様のお札に、火事除けの効果があると考えられた。農耕神はすべて水をつかさどる神とされるが、その中でも特に前項の祇園社や弁財天が火災を防ぐ神様として人気があった。

祇園社は中国の竜神信仰の流れをひくものであり、弁財天は竜の姿をしているとされたからである。弁財天は、古くはバラモン教で祭られたインドの神であった。それが仏教に取り入れられて仏となったのちに、宗像三神の市杵嶋姫命と習合して日本の神になったのだ。

盗難、火事除けの三峯神社

埼玉県秩父《ちちぶ》市の秩父山地の中に、三峰山《みつみねさん》がある。そこは古くから修験者の修行場として栄えた地で、現在はそこに三峯神社が祭られている（140ページも参照）。この三峯神社の祭神のつかいが、「お犬様」と呼ばれる山犬である。ここでは日本狼が、「山犬」とされていた。

「お犬様は、あらゆる災厄から人びとを守ってくれる」

と言われた。そのため江戸時代の江戸の町人の間に、三峰信仰が広がっていた。かれらは三峰山のお犬様のお札をいただき家の玄関口に貼って、盗難除け、火事除けを願った。

このようなお犬様信仰は、秩父に近い奥多摩の山地にある東京都青梅《おうめ》市御岳山《みたけさん》の武蔵《むさし》御嶽神社にもみられる。竜も犬も、火事除けの力があるとされたのだ。

39 子どもの魔除けとされた狗張子《いぬはりこ》（犬張子）

安産祈願の水天宮

東京では、狗張子《いぬはりこ》が安産祈願の縁起物として好まれている。これは安産祈願の神様とされた水天宮《すいてんぐう》信仰からくるものである。

「犬はお産が軽いので、狗張子を飾っておけばお産が楽になる」

といわれている。

水天宮が安産の神様として参詣者を集めるようになったのは、江戸時代末からである。水天宮はもとは福岡県久留米《くるめ》市にあった。久留米は江戸時代には、有馬《ありま》家の城下町であった。

「あるとき有馬の殿様の奥方が、水天宮の社前の鈴の緒を腹帯にしたところ、なんの苦痛もなく元気な子どもを生むことができた」

という言い伝えがあった。そのため文政元年（一八一八）に有馬家が江戸の上屋敷に久留米の水天宮の分霊を祭ったところ、多くの安産祈願の参拝者がそこを訪れるようになったという。

戌の日に腹帯を結ぶ

水天宮は壇ノ浦《だんのうら》の合戦（一一八五年）のときに入水して命を絶った安徳《あんとく》天皇を祭る神社である。天皇はそのとき、わずか八歳であった。天皇の母方の祖父は、平清盛《たいらのきよもり》である。

壇ノ浦の戦いで平氏の嫡流は、源氏に敗れて滅んだ。このあと安徳天皇の母にあたる平徳子《とくこ》に仕えていた女官が筑後川のほとりに安徳天皇と平氏一門を祭る神社をひらいた。これが水天宮の起こりである。

江戸で水天宮信仰が広まる中で、

「幼くして亡くなった安徳天皇が、これから生まれてくる子供がやすらかに誕生するように願い、かれらの成長を見守ってくださる」

と語られるようになった。明治維新のあとの明治五年（一八七二）に、水天宮は現在の地に移され立派な社殿が建てられた。

東京ではこれから子どもを生む女性が安産を願って十二支の戌の日に水天宮に参拝し、そのあと腹帯を巻く習慣がある。水天宮の神様のおつかいと考えれば、可愛い姿をした狗張子も安産の神様ということになる。

40 白蛇、白い鹿、白い犬、白い鳥など白い動物が神様とされたのはなぜか？

魂を運ぶ白鳥

古代の日本人は、純白の色を好んだ。汚れのない純白が、清らかな色とされたためである。そのため古代人は、祭祀のときに、神聖な白い色の服を着て自らの心を清めた。

現在でも神社などの祭祀の祭壇に、清らかな白い布を敷く習慣がある。神様の供え物を白い布の上に並べるのである。

しかし実際には、きれいな白色の白然物はそう多くない。そのため古代人は、白い白鳥を神聖な鳥と感じてた。日本には、シベリアからオオハクチョウが渡って来る。このオオハクチョウは、日本で冬を過ごして去っていく。

大和時代の人びとは、白鳥を死者の魂をあの世に運ぶ鳥と考えた。『古事記』などにみえる日本武尊《やまとたけるのみこと》（196ページ参照）の伝説のなかに、

「尊が亡くなったあと八尋（一六メートル）もある大きな白鳥になって空に飛び立った」

と記されている。

白い動物をおめでたいとみた中国人

日本犬のなかに、白い毛並をした犬がいる。犬を神のつかいとする神社では、神に仕える犬は神聖な白い色の犬だとされた。

きれいな白色の動物はそう多くないが、たまに表皮に色素のない白い蛇や白い鹿、白い雉などが生まれることがある。古代中国ではそのような珍しい生き物の出現を、「瑞祥《ずいしょう》」と呼ばれるおめでたい知らせとした。

「皇帝が良い政治を行なったので、天が瑞祥となる生き物をもたらしてくれた」

というのである。この瑞祥の考えは、飛鳥時代に日本に伝わった。そのため白い鹿などの珍しい白い生き物も、神のつかいとされるようになっていった。

41 鯰を地震除けの神様としたのは、地震予知を研究した宮廷の学者

鹿島信仰から生まれた鯰神

江戸時代後半に、地震の災いから守ってくれる鯰神《なまずがみ》の信仰が流行したことがあった。家に鯰絵を掛けて鯰神を祭れば、地震を避けられるといわれたのである。

この鯰神は、茨城県鹿嶋《かしま》市の鹿島神宮に対する信仰から派生したものである。後（160ページ参照）にも出てくる鹿島神宮の祭神である武甕槌神《たけみかづちのかみ》は、古くから雷神で、剣の力を操る強い武芸の神であると考えられてきた。

鹿島神宮には、武甕槌神は巨大な蛇の姿をした地の底に住む神だとする伝説もあった。そこで鹿嶋やその周辺の人びとが「武甕槌神に地震を鎮めてもらおう」と考えて、武甕槌神を地震除けの神としたのである。

陰陽道の学者が鯰と地震を結びつけた

平安時代後半に、陰陽道がさかんになった。この陰陽道で行なわれた研究のなかに、さまざまな自然の動きを観察して災害の予兆を見つけるものがあった。

陰陽師と呼ばれる陰陽道の学者たちは、鯰の動きと地震との関係に注目した。

「鯰が騒ぐと、地震が起きる」

というのである。現代の生物学で、動物の中に人間にはわからない、地震の前兆となる揺れを感じるものがあるとされる。鯰が地震の前に暴れるのも、そういったものの一つである。

しかしそのことを知らない陰陽師たちは、

「地の底に大きな鯰がおり、その鯰が暴れると地震になる」

と唱えた。そのため地中の蛇とされた武甕槌神が地中の鯰に変わり、地震除けの神として信仰されるようになったのである。

42 火災や洪水の原因となる雷神を守り神として祭り、災難除けにした

雷神の力で災厄を退ける

前項で記した鹿島神宮の神様を地震除けの神にする信仰は、

「雷神は怖いが、その力で人間を守ってくれる」

とする発想から広まったものである。現代人は、雷が自然界に発生した電気であることをよく知っている。しかし古代人は、夕立が突然降って稲妻が走り、雷が落ちる怖さを、「神様の怒り」と感じた。

しかしその雷の災厄は、しばらく用心していれば嘘のようにおさまる。そのため人びとは雷雨を、「一時的な頑固親父の怒りのようなもの」と思った。

雷雨があれば雨が降り、田畑が潤う。だから古代人は雷神を、「自分たちの生活を支える自然界の神」として祭った。さらに力のある雷神に、自分たちではどうしようもない災いを鎮めてもらいたいと願った。

鯰の神像を祭る雷電神社

平安時代まで農民が祭る雷神の神社が、あちこちにみられた。しかしそのような雷神は、大国主命のような土地の守りを務める有力な神より格下のものとされていた。

平安時代後半に天神信仰が広まると、かなりの数の雷神の神社が天神社に変わり菅原道真を祭るようになった。これは「道真が没後に雷の神となり、朝廷の悪者を滅ぼした」とする天神伝説によるものである。

天神社の総本山である北野天満宮の由来を記した『北野天神縁起《えんぎ》』には、「多くの雷神が天神様である道真の霊の眷属《けんぞく》（家来の神）になった」という記述がある。

それでも、雷神を祭る神社のままで現在にいたったところも少なくない。群馬県板倉町《いたくら》の雷電《らいでん》神社もその一つである。そこの参道には川魚料理の店があり、鯰が当地の名物とされている。

この雷電神社は、関東などに約八〇社ある雷電神社の総本宮で、そこには館林《たてばやし》七福神の福禄寿《ふくろくじゅ》（77ページ参照）も祭られている。

また雷電神社には、「地震を除けて、自信のある生活が送れる」とされる鯰の像を拝む別棟もある。それをなでれば、受験合格、商売繁昌などのあらゆる願いが叶うという。

43 一つの米粒に七人の神様が宿るといわれるのはなぜか？

稲の実に稲魂がいる

古代人は、稲の実に「稲魂《いなだま》」と呼ばれる神様がいると考えていた。種籾《たねもみ》はこの稲魂の力によって、芽を出して育ち、やがて多くの実を稔らせると考えられていたのである。

このような信仰は、日本人は稲作によって生活するようになった弥生時代はじめ、つまり紀元前一〇〇〇年頃から受け継がれてきたものと考えられる。

古代の日本人は、あらゆるものに精霊が宿るとする精霊崇拝にたつ信仰をとっていた。稲魂も、多くの精霊の中の一つと考えられたのである。

米によって食糧を得てきた日本人は、米を神様の恵みによってつくられた大切なものと考えてきた。そのため今でも稲魂信仰を踏まえた、このような言葉が残っているのである。

「一つの米粒には七人の神様が宿っておられるから、御飯を粗末にしてはならない」

穀霊信仰から地母神が祭られた

稲魂信仰に似たものは、精霊崇拝をとるアジアの民族に広くみられる。麦や雑穀を育てる人びともいるので、文化人類学者は穀物の種子に宿る神様を祭る信仰を総称して、「穀《こく》霊《れい》信仰」と名付けている。

すべての生命を同じ精霊とみる精霊崇拝では、穀物の生育や結実は、女性の妊娠、出産に似たものとされた。

そのため穀霊信仰の発展の中で、

「大地にいる母なる神が、作物を育てる」

という考えがとられるようになった。このような大地の女神を、「地母神《ちぼしん》」と呼ぶ。伊勢神宮の外宮の祭神である豊受大神《とようけのおおかみ》や、稲荷神社で祭られた倉稲魂命《うかのみたまのみこと》は、いずれも稲を育てる食物の女神である。

アジアに広がる地母信仰の流れをうけて、日本の主な農耕神が女神とされたのである。

44 狐を使者とするお稲荷様の祭りが午の日に行なわれるのはなぜか？

初午の日に巨大な稲荷寿司を作る

旧暦三月の最初の午《うま》の日に、各地の稲荷神社の初午《はつうま》の祭りが行なわれる。これは稲荷神社の総本社である伏見稲荷大社から広がったものである。

茨城県笠間《かさま》市の笠間稲荷神社では、初午の日に巨大な稲荷寿司がつくられる。ここの稲荷寿司は、鮨飯のかわりに蕎麦《そば》を油揚げで包んだものである。平成二七年（二〇一五）には、七二メートルの長さの、細長い寿司が出現した。

稲荷寿司はお稲荷様が最も好む供え物とされるので、笠間稲荷を信仰する人びとがより大きな寿司をつくって商売繁昌などの御利益をいただこうと考えたのである。

午は南、夏に通じる

伏見稲荷大社には、

「祭神の倉稲魂命が和銅四年（七一一）の二月初午の日に、神社のある稲荷山にお降りになった」

という伝えがある。平安時代にこの伝説を踏まえて、

「二月初午の日に稲荷山に登り、御神体の杉の枝を折ってきて祭ると神様の御利益によって豊作になる」

と言われるようになった。そのため初午の日に、多くの者が伏見稲荷大社に参詣した。さらに初午の稲荷詣での習俗は、各地の伏見稲荷大社の分社にも広まった。

お稲荷様と十二支の「午」とのつながりは、陰陽道からくるものとみられる。陰陽道は十二支の一つ一つの各々に対応する十二の方位を定めているが、午の方位は真南になる。さらに真南の方位は、季節の夏と一体のものとされている。

「夏に気温が高く、雨が十分に降り、稲がよく育ちますように」

こう願った人びとが、お稲荷様が現われた日を、夏に通じる午の日にしたのであろう。

45 漁船の中に祭られている船霊様は神様なのか？

漁船の守り神

かつて船霊《ふなだま》様を船の守り神として祭る漁船が多くみられた。船霊様は、帆柱に納められた。

帆柱を立てる部分の下に穴を掘って御神体を入れ、その上に木のふたをしたのである。御神体として、男女の人形と女性の毛髪、銅銭十二文、賽《さい》二個が納められることが多かった。

船大工は、漁船をつくるときにそのような御神体を帆柱の下に納めた。そこにふたをし終わると、かれらは定まった唱えごとをしながら木槌でふたを三回叩いた。

精霊崇拝からくる船霊信仰

漁の最中に水死体を引き上げたときや、どうしようもない不漁が続いたときは、人形などの御神体を取り出すことになっていた。そして一定の手順を踏んで、別の御神体を納めて新たな船霊様としたのである。

このような船霊様は、船を守る精霊を招く依り代であると考えるのがよい。精霊の助けを得られなくなったと思ったときは、もとの依り代が良くないことになる。そこで精霊が好みそうな、別の依り代に替えたのである。

精霊崇拝には、

「道具を愛用していると、道具に宿っていろいろ助けてくれる」

とする考えがある。この考えから海にいる数え切れない精霊の中で、船を気に入って船を守ってくれる精霊たちを迎えて船霊様としたのである。そして後（165ページ）で説明するような恵比寿信仰が広まると、

「事代主命《ことしろぬしのみこと》や蛭児命《ひるこのみこと》が漁業神である船霊様である」

と説明されるようになった。

46 神様に榊を供えるが、榊でなく松を供える荒神様は神様か

家を守るかまどの神様

台所の神様として、荒神様《こうじんさま》を祭る家がかなりみられる。現在では、初詣でのときに氏神様で、荒神様のお札を神宮大麻、氏神様のお札とともに授けてもらうことが多い。

正月にいただいた荒神様のお札は、台所の清らかで見晴らしのいいところに祭り、松の枝をお供えする。このような荒神様の祭祀は、縄文人が住居のかまどのそばで行なっていた家を守る神様の祭りの流れをひくものと考えてよい。

縄文時代の住居跡のかまどのそばに土を盛って一段高くしたところから、さまざまな祭器が出土した例がいくつも報告されている。

このような神はもとは「かまど神」といわれたが、荒神信仰が広がったのちにかまど神が「荒神様」と呼ばれるようになった。

怒らせると怖いかまど神

かまど神は火の神であるとともに、人びとの食糧をうみ出す農耕の神とされた。かまど神の守りが一年中続くことを願って、人びとは最も美しい常緑樹である松の枝を荒神様に供えた。人びとは、雪が積もる中でも元気に針を広げる松の葉につよい生命力を感じたのである。

火は人びとの生活に欠かせないが、取り扱いを誤ると火災になる。そのため火の力を身に付けたかまど神は、怖ろしい神様とされた。

「かまど神の祭祀を粗末にすると、罰《ばち》が当たる」

「かまどに乗ると、かまど神が怒る」

などと言われた。

平安時代に神仏習合が広まったあと、かまど神は仏法を守る三宝《さんぽう》荒神とされるようになった。三宝とは、仏教が最も重んじる仏《ぶつ》、法《ぽう》（仏の教え）、僧《そう》をさす。

「三宝荒神は、如来荒神、鹿乱《からん》荒神、忿怒《ふんぬ》荒神の三身に分かれて仏法僧を守る」

といわれた。しかし三宝荒神はインド仏教にも中国仏教にもない、日本独自のものである。だから荒神様は、仏教風の装いをもった日本独自の神とするのが妥当である。

47 日本サッカー協会と自衛隊が守護神に選んだ三本足の八咫烏の正体は

三本の足をもつ霊獣

八咫烏《やたがらす》は三社から成る熊野三山（183ページ参照）の中の、熊野本宮《ほんぐう》大社の神様に仕える神獣である。この八咫烏は正直な人を守る神とされていた。熊野本宮大社が発行する牛王宝印《ごおうほういん》というお守りを発行する祭事は、「八咫烏神事」と呼ばれている。

鎌倉時代頃に違《たが》えてはならない約束事があるときは、相手に牛王宝印の紙に誓いの言葉を書かせる習慣が広まった。相手が不正直者で誓いに背いたときは、熊野の神の罰をうけるといわれたのだ。

神通力をもつ八咫烏には、ふつうのカラスより多い三本の足があると信じられた。自衛隊や日本サッカー協会は、素早く空を飛び回って正しい人びとを助ける、八咫烏のりりしい姿にあこがれたのだ。

神武天皇の案内人

『古事記』などに、八咫烏が大和に向かう磐余彦《いわれひこ》の道案内をした話が出てくる。日向にいた磐余彦は、日本全体を治めるための本拠の地を求めて大和に向かう。かれは河内でいったん敵に敗れたが、紀伊半島を巡って熊野にいたり、そこから山を越えて大和に向かった。このあと磐余彦は大和の豪族を従えて、初代の天皇とされる神武《じんむ》天皇になるのである。

熊野から深い山を越えて大和に入ろうとした磐余彦は不思議な夢をみたと伝えられる。高天原にいる高皇産霊尊が、このようなお告げを下したのだ。

「これから八咫烏を送ります。八咫烏が飛んで行く後を進みなさい」

磐余彦が目をさますと、八咫烏がかれの頭の上を飛んでいた。このあと磐余彦は、八咫烏に従って吉野に着くことができたという。

八咫烏は神武天皇の東征で、重要な役割をはたしたとされる。またこの八咫烏は、京都の賀茂《かも》神社を祭った鴨《かも》氏の先祖ともされるが、そのあたりの詳しいことは後（206ページ参照）で説明しよう。

第四章

あの神様の意外な関係

48 火事除けの神は伊奘諾尊、伊奘冉尊の夫婦が生んだ最後の神

火の神の誕生と母神の死

火の神である軻遇突智《かぐつち》が、火事除けの神様としてひろく祭られている。『古事記』などに記された日本神話では、かれは伊奘諾尊と伊奘冉尊の夫婦が生んだ最後の神とされている。

この父神と母神は、日本列島を構成する八つの主な島と、さまざまな役割をもつ神を生んだが、この他に伊奘諾尊が一人で生んだ神や、伊奘冉尊から生まれた神もいる。天照大神は、伊奘諾尊一人の子とされる。

伊奘冉尊は軻遇突智を生んだときに、火の神の焔に焼かれて亡くなったという。この神話は、

「火は大そう役にたつが、扱いを誤ると人間の命が失われる」

と教えるものである。

図19　伊奘諾尊、伊奘冉尊の子神

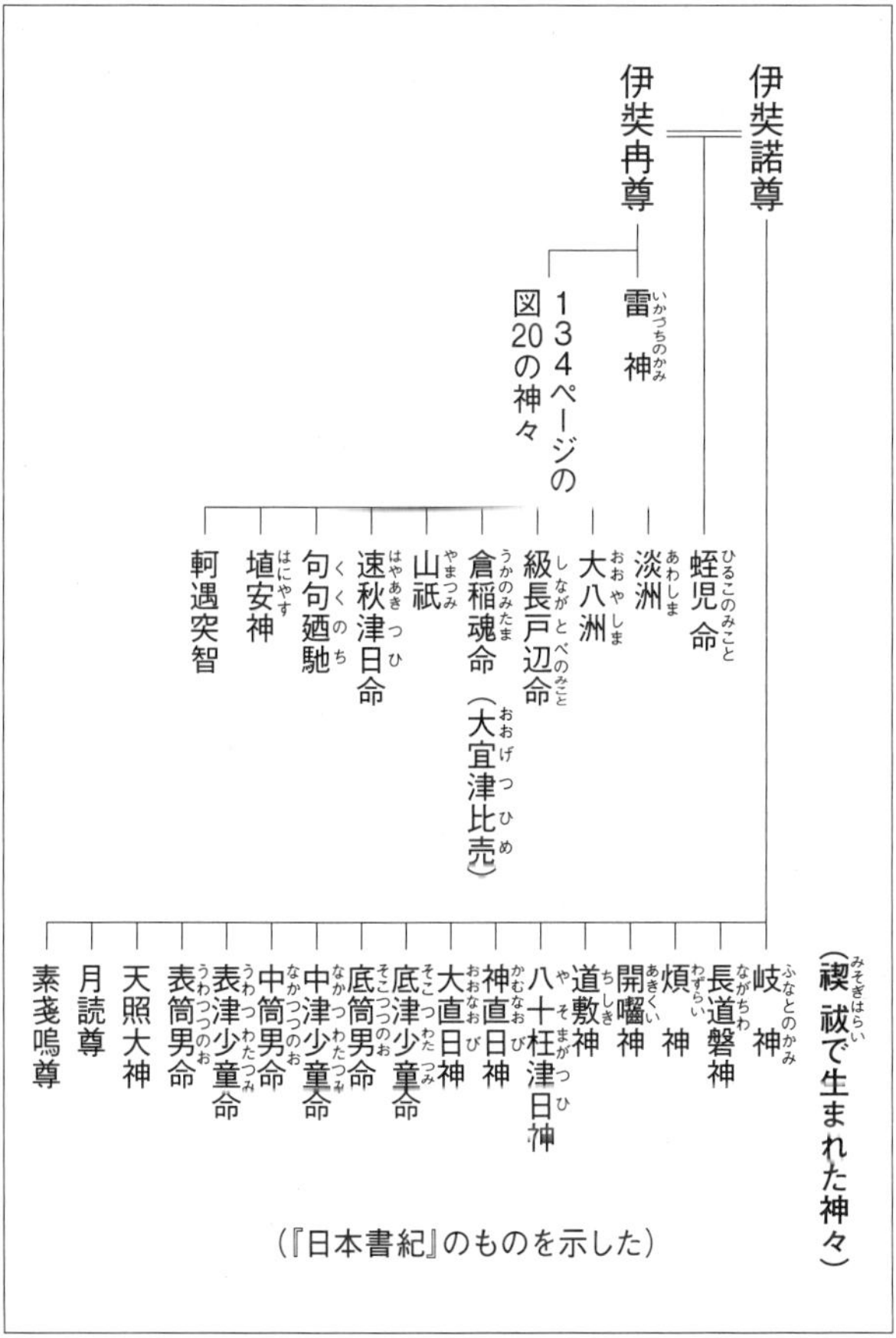
伊奘諾尊
伊奘冉尊
雷神《いかづちのかみ》
134ページの図20の神々
蛭児命《ひるこのみこと》
淡洲《あわしま》
大八洲《おおやしま》
級長戸辺命《しながとべのみこと》
倉稲魂命《うかのみたま》（大宜津比売《おおげつひめ》）
山祇《やまつみ》
速秋津日命《はやあきつひ》
句句廼馳《くくのち》
埴安神《はにやす》
軻遇突智
（禊祓《みそぎはらい》で生まれた神々）
岐神《ふなとのかみ》
長道磐神《ながちわ》
煩神《わずらい》
開囓神《あきくい》
道敷神《ちしき》
八十枉津日神《やそまがつひ》
神直日神《かむなおび》
大直日神《おおなおび》
底津少童命《そこつわたつみ》
底筒男命《そこつつのお》
中津少童命《なかつわたつみ》
中筒男命《なかつつのお》
表津少童命《うわつわたつみ》
表筒男命《うわつつのお》
天照大神
月読尊
素戔嗚尊
（『日本書紀』のものを示した）

火の神の復活

日本神話は伊奘諾尊が、妻の命が失われたために腰に帯びた剣で軻遇突智を斬り殺したという。日本神話のここから後の部分に、軻遇突智が活躍する場面はみられない。

しかし軻遇突智はのちになって、山の神と結びついて復活した。これは平安時代末以降に活躍した修験者が、修行の道場とした山で火を焚いて行なう呪術を使ったためである。かれらは火の神に呪術の達成を願った。

主に浜松《はままつ》市の秋葉山《あきはさん》と京都市の愛宕山の修験者の手で、火の神の信仰は広められた。赤石《あかいし》山脈の最南端に位置する標高八六六メートルの山が、秋葉山である。そこの頂上近くに、秋葉神社がある。江戸の町の町人に、秋葉信仰が広まっていた。木造の家が密集する町に住むかれらが、火事を恐れていたためだ。

現代の東京のあちこちに、「秋葉山大権現」と刻んだ石碑が残っている。東京府は明治二年（一八六九）の大火のあと、現在の秋葉原《あきはばら》のあたりに火除地《ひよけち》を作り、空地にしていた。

そこに火事除けの秋葉神社がつくられたために、そのあたりが「あきばっぱら」と呼ばれるようになった。

この「秋葉原」が、のちに「あきはばら」と訓《よ》まれるように変わったのである。

49 伊奘冉尊が火の神に焼かれて苦しんでいたときに生まれた女神は何の神か

伊奘冉尊が最後に残した六柱の神

前項に記した火の神を生んだことによって、伊奘冉尊は亡くなった。『古事記』は、伊奘冉尊が火に焼かれて苦しんでいたときに六柱の神が生まれたと記している。

最初に鉱山の神である金山毘古神《かなやまびこのかみ》と、金山毘売神《かなやまびめのかみ》の夫婦が生まれた。次に粘土の神、土器づくりの神、波邇夜須毘古神《はにやすびこのかみ》、波邇夜須毘売神《はにやすびめのかみ》の夫婦が誕生した。

これに続いて、水の神である彌都波能売神《みずはのめのかみ》が現われた。そして最後に作物を育てる和久《わく》産巣日神《むすびのかみ》が生まれた。伊奘冉尊はこの六柱の神を世に送り出したあとに、ついに亡くなってしまった。

このあと伊奘諾尊は心を込めて妻を葬ったあと。火の神軻遇突智を斬ったとある。

各地で古くから祭られた水の神が伊奘冉尊の娘になったのだ。「みずはの神」と呼ばれ

図20　伊奘冉尊が生んだ子神

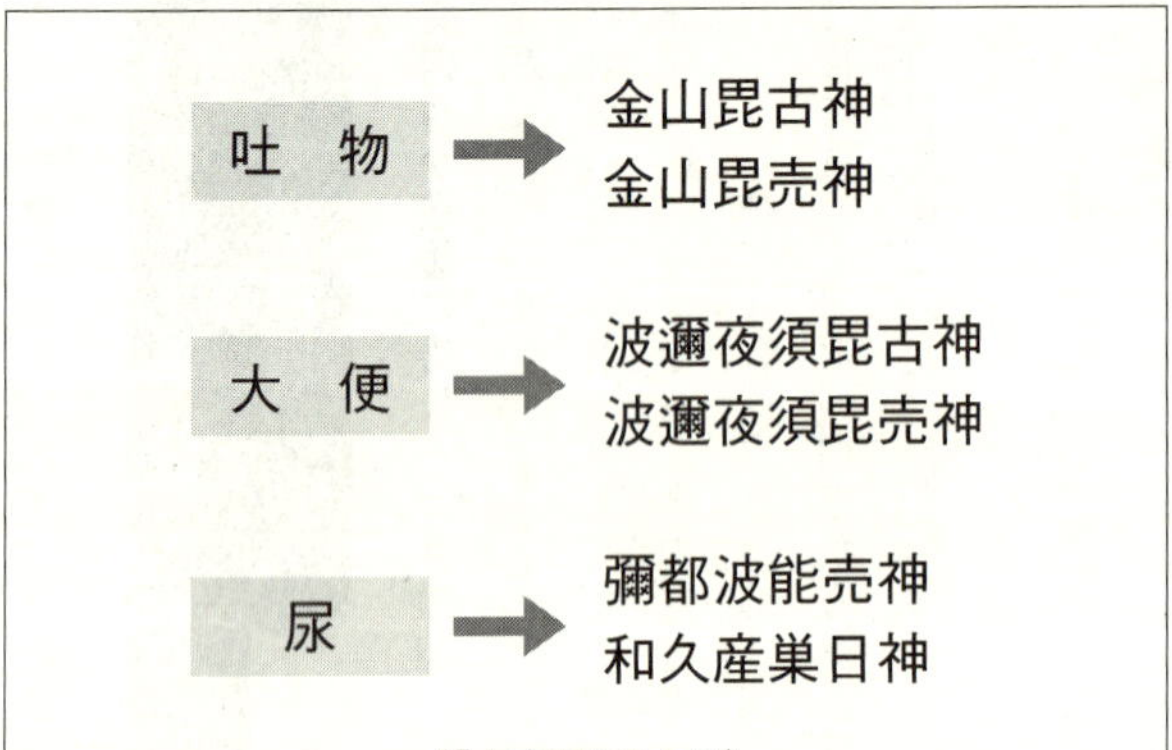

（『古事記』による）

る水の神は、日本神話が調えられる前から日本各地で祭られていた。「みずは」とは、水が走るありさまを表わす言葉である。

農民たちは自分が耕す水田に水が勢い良く流れて来て、日照りによる水不足に苦しまずに済むことを願って「みずはの神」を祭った。

そのような水の神祭祀は、権威の高い土地の守り神である大国主命の祭りに付属する形で行なわれることが多かった。そのため古代から祭られてきた大国主命の神社の、相殿の神や摂社、末社として彌都波能売神が祭られることが多い。

この神の名前が、「罔象女神《みずはのめのかみ》」と書かれることもある。優しい母神である伊奘冉尊は亡くなる直前まで、人びとの助けとなる神々を残しておこうと考えたというのである。

50 天狗は天鈿女命の夫

修験者が広めた天狗信仰

前々項の秋葉山を開いたのは、三尺坊《さんじゃくぼう》という修験者だと伝えられている。三尺坊は鎌倉時代末の信濃《しなの》生まれの人物だといわれる。

かれは越後で修験者となり、修行を積んで神通力を得たとされる。三尺坊が白い狐に乗って空を飛び、秋葉山に降り立った。かれはそこで道場をひらいて火伏せ（火事除け）の呪術を広めたともいわれる。

後世の人びとは、三尺坊を天狗と考えて敬った。修験道が起こってまもなく、山の精霊である天狗が、修験者の守り神とされるようになった。修験者たちが、山を自由に往来し時には空を飛ぶとされる天狗の姿にあこがれたためである。

天狗は、山伏《やまぶし》の姿（修験者の公式の服装）をしていると考えられた。また優れた修験者は、天狗になれるともいわれた。

猿田彦信仰が天狗と結びつく

天狗は修験者の修行の場である山道を守り、時には修験者の道案内をする精霊とされた。これ以前に猿田彦命が道祖神として信仰されるようになっていた（95ページ参照）。そのため天狗信仰が広まる中で、天狗が旅行者を守る猿田彦命と同一の神と考えられるようになった。

『古事記』などに、猿田彦命は巨大な鼻をもっていたと記されている。そのため、長い鼻をした天狗の絵が描かれた。

日本神話は猿田彦命が天孫降臨の道案内をしたときに、瓊々杵尊のお供の一人であった天鈿女命《あまのうずめのみこと》と結婚したと記す。天鈿女命は天岩戸の前で舞いを演じた女神で、芸能の神として信仰されている。近代になる前には、旅芸人の活躍が目立った。昔は修験者と旅芸人が、旅先であれこれ交流をもっていたと考えられる。各地を巡って多くの人に布教した修験者の神が、旅をして芸を演じた旅芸人の神と夫婦であったことになる。

51 天照大神には軍師がいた

高天原一の知恵の神

日本神話のなかに、知恵の神とされる思兼命《おもいかねのみこと》が出てくる。かれは高皇産霊尊の子神とされる、高天原の神である。

天照大神が最もたよりになる相談役として重用したのがこの思兼命で、思兼命は天照大神の軍師と呼ぶべき神であった。

思兼命が活躍する主な場面は、二つある。

一つは天岩戸神話で、もう一つは天孫降臨神話である。

天照大神が天岩戸に隠れて世界じゅうが闇に包まれたときに、高天原の神々は集まって知恵者の思兼命の意見を求めた。

このとき思兼命の勧めによって神々が岩戸の前で神楽を行ない、天鈿女命に面白い踊りを演じさせたところ、天照大神が何事かと岩戸の戸を少し開けたという。これを見て力自慢の手力男命《たぢからおのみこと》が、一気に岩戸の扉を押し開いた。

図21　五部神

神名	子孫とされる豪族とその職掌
天児屋根命《あまのこやねのみこと》	中臣氏の祖神（宮廷の祭祀の統轄）
太玉命《ふとだまのみこと》	忌部《いんべ》氏の祖神（中臣氏の補佐）
天鈿女命《あまのうずめのみこと》	猨女《さるめ》氏の祖神（祭祀の場の芸能）
石凝姥命《いしこりどめのみこと》	鏡作《かがみつくり》氏の祖神（祭祀用の銅鏡づくり）
玉屋命《たまおやのみこと》	玉作《たまつくり》氏の祖神（祭祀用の玉類づくり）

出典：「日本書紀」第一の一書より

戸隠山の守り神

天孫降臨の神話には、高皇産霊尊と天照大神が、思兼命が推薦した神を次々に地上の大国主命のもとに送ったと記されている。思兼命の知恵によって、平和な話し合いで大国主命を従わせることができたのである。

『古事記』は、思兼命が天照大神が大国主命を従えたあと瓊々杵尊に従って地上に降ったという。しかし『日本書紀』には、中臣氏の祖先である天児屋根命《あまのこやねのみこと》などの五部神《いつとものをのかみ》だけが瓊々杵尊のお供をつとめたとする記述がみえる。この伝えの方が、古い形のものだと考えられている。

日本神話には、地上に降ったあとの思兼命に関する記事はみられない。思兼命は本来は高天原の神として構想された神であったのだろう。

長野県戸隠山《とがくしやま》は、修験者の道場として栄えた地として知られる。この戸隠山の戸隠神社には、知恵の神の思兼命と、力の神である手力男命が祭られている。

修験者たちは人びとを導く知恵と力が身に付くように願って、戸隠神社に詣でたのであろう。

52 天照大神の軍師が大事にした狼

夜祭で知られる秩父神社

埼玉県秩父市の秩父神社（109ページ参照）は、前項の戸隠神社とならぶ思兼命を祭る有力な神社である。その神社は、秩父山地を支配するための拠点と呼ぶべき要地にある。

秩父の人びとは十二月三日に、秩父神社で盛大な秩父祭を行なう。「秩父夜祭」の俗称で知られる夜の闇の中を多くの曳山が巡行するこの祭礼は、日本三大曳山祭の一つとされ、多くの観光客を集めている。

思兼命などを祭る秩父神社は、秩父国造を務めた秩父氏という古代豪族が古い時代に起こしたものである。

武蔵に広がる犬神信仰

平安時代にまとめられた『先代旧事本紀《せんだいくじほんぎ》』という書物に、秩父氏の古伝を伝える次のようなことが記されている。

「十代崇神《すじん》天皇の時代に、思兼命の十世の孫にあたる知々夫彦命《ちちぶひこのみこと》が、国造に任命されて大神を祭った」

この「大神」にはさまざまな解釈があるが、筆者は大神を「おおかみ（狼）」つまり犬神（お犬様）とする考えをとりたい。古代の秩父山地や多摩丘陵では、山犬（日本狼）が山の神としてひろく祭られていた。秩父神社は、富士山に似て姿の美しい武甲山《ぶこうさん》の山の神の祭祀の場から発展したものではあるまいか。

前（110ページ参照）に記したように、今でも三峯神社や武蔵御嶽神社には犬神信仰が残っている。秩父神社も古くは、秩父の住民が山犬の姿をした山の神・お犬様を祭る聖地であったのだろう。

しかし秩父氏が勢力を拡大したあと、秩父神社の祭神は忠兼命となり、お犬様はその使者とされてしまった。そして秩父神社の犬神信仰はしだいに後退して、いつしか忘れられていったのであろう。

武甲山の麓にある武甲山御嶽《おんたけ》神社には、お犬様信仰を伝える山犬の姿をした狛犬がある。また秩父祭は秩父神社の女神が年に一度武甲山御嶽神社の男神に会う日だとする伝説もある。これは古い時代に、秩父神社と神の山である武甲山が一体のものとされていたことを示すものとみられる。

53 天照大神も素戔嗚尊も単身で神を生めるのに、日本の国生みをしたのは夫婦の神

高い権威を持つ神は一人で子供を生む

日本神話に出てくる神々は、天照大神、素戔嗚尊の世代とそれより後の世代で二つに分けられる。天照大神たちの子神より後の神は、人間に近くなるのである。

前（64ページ参照）にあげた誓約《うけい》の神話で記したように、天照大神と素戔嗚尊は独身《ひとりみ》つ

図22　造化三神の子神

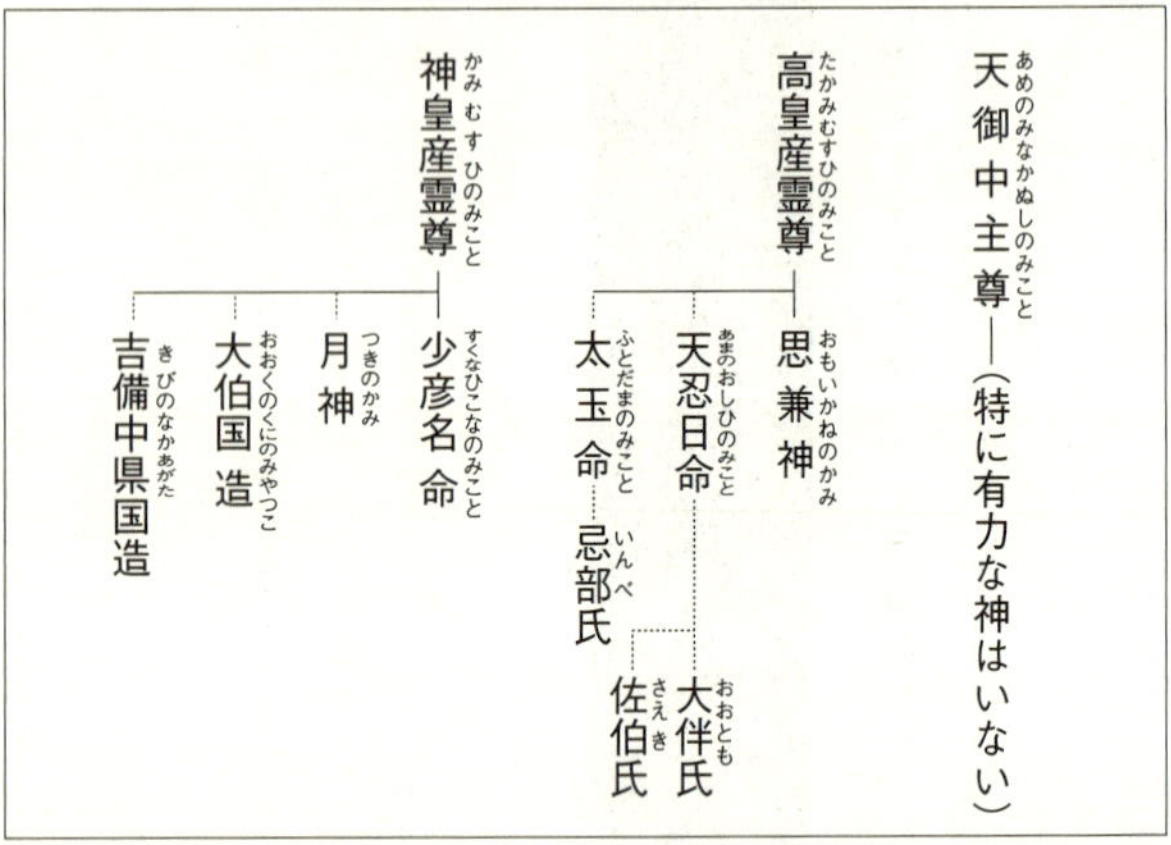

まり単身でも子どもを生めた。ところがかれらより後の世代の神々は、必ず夫婦で子どもをもうけたと記されるのである。

日本神話の中で最も権威の高いのが、前（60ページ参照）に記した造化三神である。かれらは「単身の神で、別世界にいる」と記されるが、前々項の思兼命をはじめとして高皇産霊尊や神皇産霊尊の有力な子神は多い（上の図参照）。かれらは、独身の神が生んだ子神とされたのである。

日本神話では、古い世代の神々は独力で子供を生む能力を持つとされたのだ。

夫婦の神が力を合わせて国生みをした

伊奘冉尊も伊奘諾尊も、前（130、13

3ページ参照）に記したように単身で子神を生むことができた。そうであってもかれらは夫婦になって、力を合わせて大八洲とそこを守る神を生んだ。

日本神話はこの部分に、女性が主導権をもった誤った子作りをしたところ蛭児命《ひるこのみこと》（166ページ参照）、淡洲《あわしま》という不満足な子どもができたという記述を入れている。このあと天の神々の教えで男性が主導権をもって事を行なったところ、良い子神が続々と誕生したという。

この話は人びとに、

「人間は一人ではいてはいけない。夫が妻を守って家庭を築くべきである」

という古代人の考えを記したものと考えられる。

54　海神三姉妹の義母は山の神の孫娘

大山祇神の息子とその妻

日本神話に出てくる神々の系譜をみていくと、いろいろな興味深いことに気付く。八岐大蛇退治の神話については前（82ページ参照）にもふれたが、そこでは素戔嗚尊と奇稲田

図23　素戔嗚尊関連の神々の系図

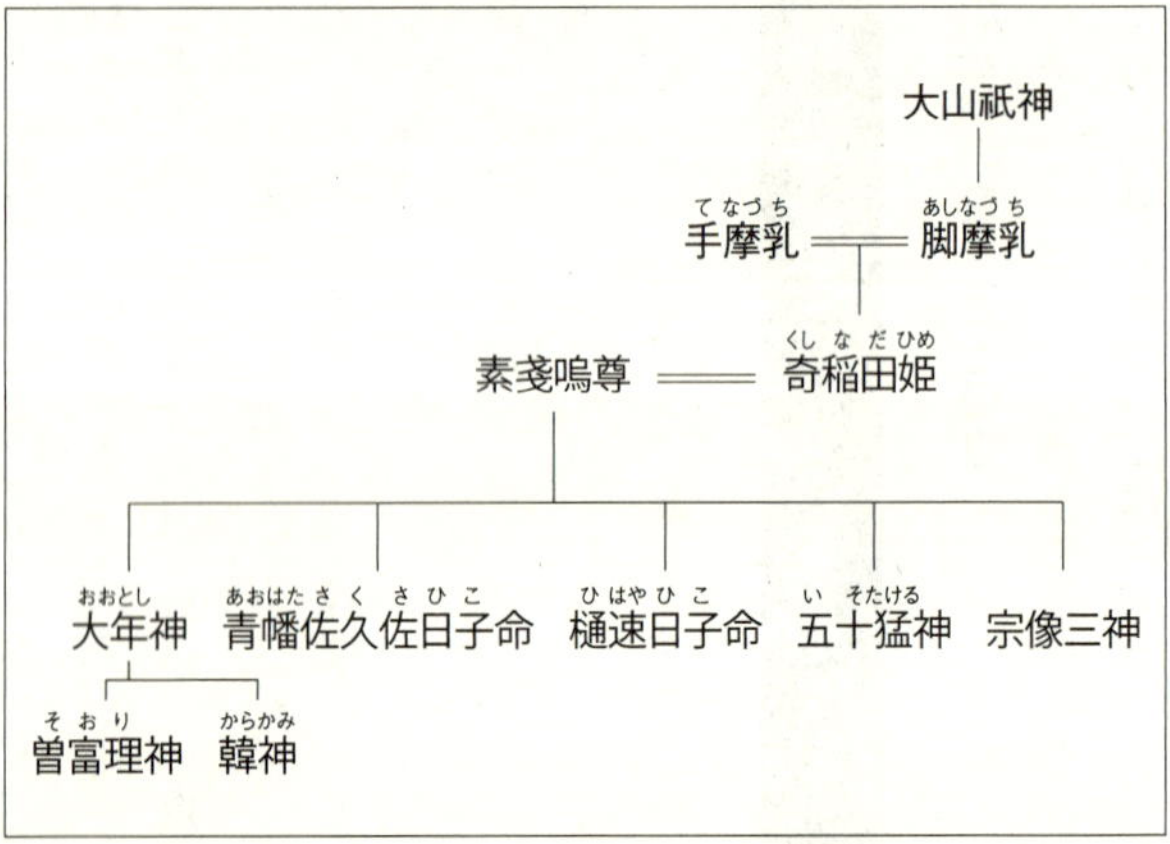

姫との出会いについて次のように記している。

「高天原から地上に降りた素戔嗚尊は、斐伊《ひい》川の上流で泣いている老夫婦と美しい娘に出会った。尊がわけを尋ねると老人は、『私は大山祇神の子神の国神で脚摩乳《あしなづち》で、そばにいるのが妻の手摩乳《てなづち》と娘の奇稲田姫です』と答えた」

素戔嗚尊はかれの話を聞いて、八岐大蛇の生け贄にされようとしている娘を助けようと決心したという。この話で娘の両親が、老人であるとされているのが興味深い。父親が若い神ならば、自力で八岐大蛇と戦えたかもしれないからだ。

大山祇神は単身で子どもを生める世代の神

（26ページ参照）になる。この大山祇神が一柱だけで生んだ脚摩乳が、系譜の明らかでない手摩乳を妻にしていたのである。

海を治める役割を娘に譲った素戔嗚尊

日本神話には、素戔嗚尊が父神である伊奘諾尊から「海を治めよ」と命じられたと記されている。ところが尊はその役目を嫌がり、父神のもとを去った。

そしてそのあと素戔嗚尊は、誓約で宗像三神を生んだ（64ページ参照）。宗像三神は北九州の宗像で祭られた有力な海神であるから、素戔嗚尊は自分の代わりに娘の宗像三神に海を治めさせたことになる。

この素戔嗚尊はのちに、八岐大蛇を退治して山の神の孫である奇稲田姫を妻に迎えた。この神話に従えば、「山の神の孫娘が海の神の義母」という奇妙なことになる。

55 大国主命の先祖である素戔嗚尊は京都で疫病しずめの神になった

牛頭天王と素戔嗚尊

国津神たちを束ねる大国主命は、高天原から降った素戔嗚尊の子孫とされていた。『古事記』は、大国主命を素戔嗚尊から六代目の子孫としている。これに対して『日本書紀』は、大国主命は素戔嗚尊の子とする。

系譜の上からいえば素戔嗚尊は重要な神であるが、国津神信仰の中心と呼ぶべき出雲では素戔嗚尊はそれほど重んじられなかった。素戔嗚尊を祭神とする須我《すが》神社の分社は、出雲でほとんど広まらなかった。

素戔嗚尊を祭神とする神社としては、さいたま市から起こった関東の氷川《ひかわ》神社が目立つぐらいである。

ところがこの素戔嗚尊は、平安時代になって京都で牛頭天王（108ページ参照）と神仏習合して祇園信仰をうみ出した。そして京都市の八坂《やさか》神社（祇園社）を本社とする祇園社や天王社は、全国的広がりをみせた。
祇園社は、疫病しずめの神とされた。

賑やかな祇園祭

牛頭天王は、仏法を守る恐ろしい荒ぶる神と考えられていた。人びとは、強い力をもつ荒ぶる神に、疫病を起こす疫神《えきしん》を退治してほしいと願ったのだ。

八坂神社の起こりは、平安時代はじめの貞観一八年（八七六）とされている。僧円如《えんにょ》が八坂で牛頭天王を祭る祇園社を起こしたのが始まりである。これ以前から牛頭天王を、日本を代表する荒ぶる神である素戔嗚尊と同一のものだとする説がとられていた。

このあと祇園社は、藤原氏などの後援で大きく発展した。そして南北朝時代頃から新興の商工民の神とされ、京都の町をあげての大掛かりな祇園祭が始められたのである。

56 助けた素兎のせいで、兄に命を狙われた大国主命

白兎との出会い

大国主命は多くの国津神を従え、国造《くにつく》り（国作）を行なったという。ここの国造りは、農業技術や医術を広めて人びとが安定した生活ができるようにすることをさす。

『古事記』は大国主命が地上を治めるようになった経緯を記した長い神話を伝えている。それは、次のような稲羽《いなば》の素兎《しろうさぎ》（白兎）との出会いから始まる。

「大国主命は八十神《やそがみ》と呼ばれる多くの兄と共に、求婚するために八上比売《やがみひめ》のもとへ旅をしていた。すると、鰐（106、107ページ参照）に毛をむしられた稲羽の素兎に出会った。

大国主命が親切に怪我の治療法を教えたところ、兎はすぐに元気になった。このとき兎は大国主命に、『あなたは必ず八上比売を妻に迎えることになります』と語った」

素戔嗚尊のもとに逃れた大国主命

古代人は言霊《ことだま》、つまり言葉に宿る精霊の存在を信じていた。それゆえ兎神である素兎の言霊のおかげで大国主命の求婚は成就した。

しかしかれは、八上比売を取られた兄たちの怒りをかった。そのため八十神に命を狙われた大国主命は、地の底にある根国《ねのくに》を治める素戔嗚尊のもとに逃れたという。

このあと大国主命は素戔嗚尊が課した試練を乗り切り、根国の神宝を手に入れて地上に帰った。そのあとかれは根国の神宝の力で、八十神をはじめとする国津神たちを従えて、地上のあるじになったとある。

この話によれば、大国主命は素兎を助けたために苦難を受けたことになる。素兎の難儀を見て見ぬふりをしていたら、かれは安穏な生活を送れたのであろうか。

57　薬の神と国造りをした大国主命の分身が疫病を広めた

医薬の神が少彦名命

『古事記』は大国主命が国造りを行なったときに、少彦名命《すくなひこなのみこと》という知恵のある神がかれを助けたという。少彦名命は、造化三神の中の神皇産霊尊の子神である（142ページ参照）。

古代には日本各地に、大きな体の大国主命と小さな体の少彦名命が、さまざまな事業をして人びとを助けたという伝説がみられた。次項にも記すが現在でもこの大小二柱の神を祭神とする、古代から続く神社は少なくない。

少彦名命は、医術、酒づくりなどを人びとに教え、いくつもの温泉を開いたと伝えられる。製薬業者の集まる大阪市道修町《どしょうまち》には、薬の神様とされる少彦名神社がある。

古代王家が重んじた大神神社

奈良県桜井市に、製薬業者の信仰を集める大神神社（30ページ参照）がある。そこの祭神は、大物主神である。この神は大国主命と同一の神とされている。

『日本書紀』に、崇神天皇のときに大物主命が怒って疫病を広めたという伝えが記されている。王家が心を込めて大物主神を祭ったところ、疫病はおさまった。

このことをきっかけに、大物主神は王家の守り神になったというのである。六世紀はじめに王家の守り神は天照大神に代わるが、その後も王家は大物主神を疫病しずめの神として祭り続けた。

大神神社がつくられた飛鳥時代末頃には、そこの疫病しずめの祭祀は鎮花祭《ちんかさい》と呼ばれていた。国造りをした大小の神が、現在でも医薬の神として重んじられているのである。

58 子授けの神なのに夫婦でない大小二柱の神

思いのほか少ない夫婦の神

子供がほしい夫婦は、子授けの神仏に詣でる。そのため日本の各地に、子授けの御利益があるとされる神社がみられる。ところが子授けの神社で、夫婦の神を祭るものは、思いのほか少ない。

古代人には神様を夫婦一組で祭る発想がほとんどなかったらしい。後（169ページ参照）で紹介する木之花咲耶姫のように、既婚の女神を単独に祭る例も多い。

日本神話は、最初の夫婦神である伊奘諾尊と伊奘冉尊は喧嘩別れしたとする。

伊香保温泉の安産の神

関東北部の群馬県渋川《しぶかわ》市に、温泉街の長い石段で知られる伊香保《いかほ》温泉がある。そこの伊香保神社は、安産の神として信仰されている。

伊香保神社には、子授け祈願の絵馬が多く奉納されている。この伊香保神社の祭神は、大己貴命（大国主命）と少彦名命とされている。伊香保神社の名前は平安時代から文献にみえるが、古い記録の中には伊香保神社の祭神を夫婦の神としたり、そこの神を赤城山《あかぎやま》の神の妹神と記すものもある。

温泉の守り神が、あるときは夫婦の神、あるときは女神とされたのちに、現在のような形に落ちついたのであろう。大国主命と少彦名命が、誰にも好かれる万能の神であったためである。

59 清めの神と穢れの神は三つ子

伊奘諾尊の禊祓と祓詞

現在、神社で行なわれる神事で、最初に詠み上げられる祓詞《はらえことば》という祝詞がある。これ

図24　祓詞

【祓詞《はらえことば》】（現代の神事で多く用いられるもの）

掛《かけ》けまくも畏《かしこ》き伊邪那岐大神《いざなぎのおほかみ》筑紫の日向《ひむか》の橘小戸《たちばなのおど》の

阿波岐原《あはぎはら》に御禊祓《みそぎはら》へ給《たま》ひし時《とき》に生《な》りませる祓戸《はらへど》の

大神等《おほかみたち》、諸《もろもろ》の禍事罪穢《まがごとつみけがれ》有《あ》らむをば、

祓《はら》へ給《たま》ひ清《きよ》め給《たま》へと白《もう》す事《こと》を聞《き》こし食《め》せと恐《かしこ》み恐《かしこ》みも白《もう》す

【要約】伊邪那岐大神が筑紫の日向の橘の小戸の阿波岐原で御禊祓いをされたときに生まれた祓戸の神々よ、さまざまな罪や穢れを清めてください。

は、伊奘諾尊が日向で身を清めた話にちなむものである。

伊奘諾尊は禊祓《みそぎはらえ》という海の水につかる祓いを行なったさいに、多くの神を生んだ（131ページの系図参照）。天照大神ら三貴子と呼ばれる三柱の神と、その兄たちである。まず身に着けているものを一つ一つ脱ぐたびに、神々が生まれた。

それに続いて伊奘諾尊は海水につかって体を清めた。そのとき最初に生まれたのが、穢《けが》れの神とそれを清める祓いの神である。

神道が最も重んじる祓い

神道は、「過ちを犯さない人間はいない」とする立場をとっている。誰でもうっかり失敗したり、小さな罪を犯す。そういったものが、人の体につく穢れである。

「体に穢れを溜めてしまうと、さまざまな災いのもとになる。だから穢れを落とすために神様を拝んだり、水で体を清めたりする祓いを行なって、きれいな気持ちを保つようにしなさい」

神道は人びとにこのように教える。

日本神話は、伊奘諾尊が海に入ったときに最初に八十枉津日神《やそまがつひのかみ》という穢れた神が現われ

図25　祓あれこれ

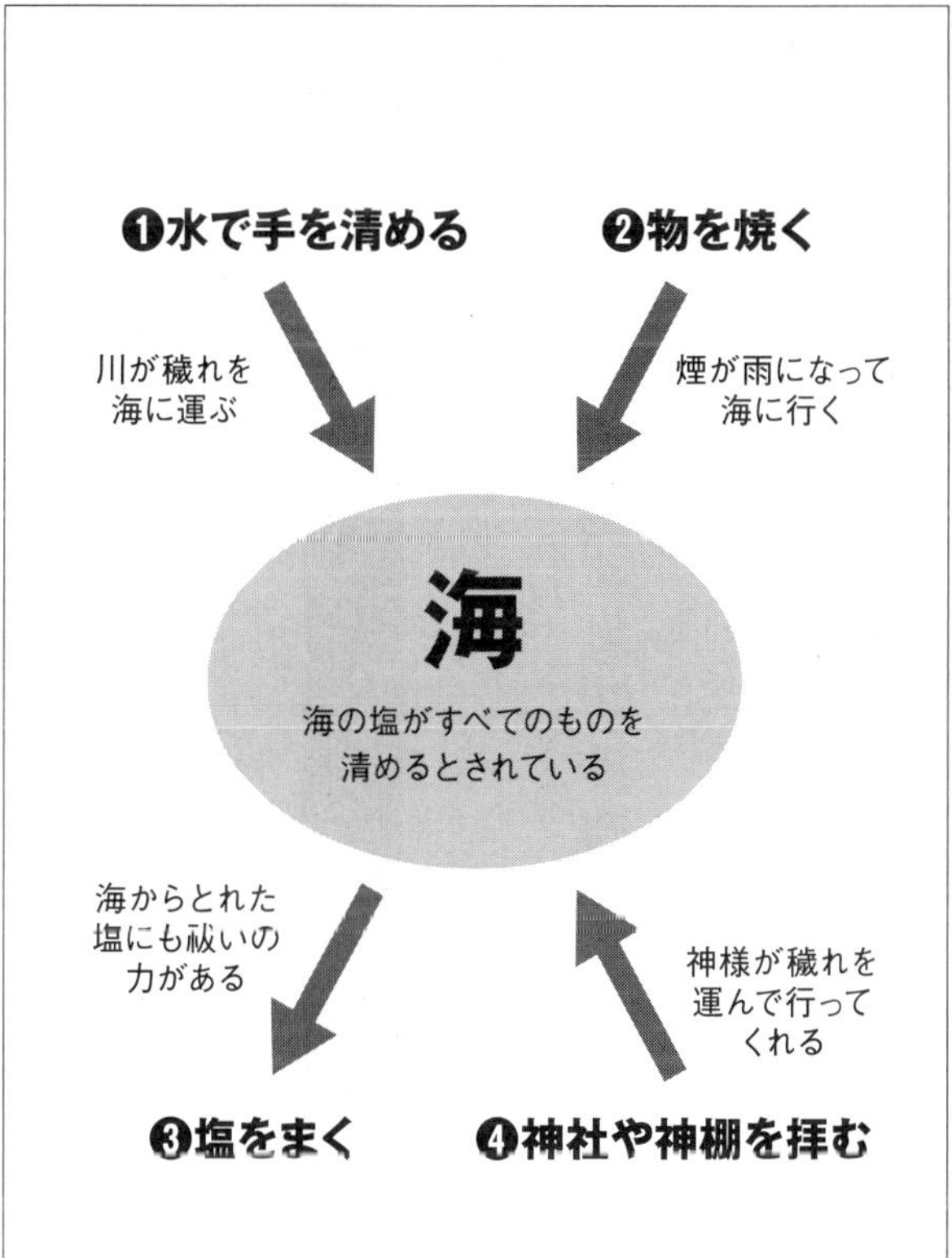
❶水で手を清める
❷物を焼く
川が穢れを
海に運ぶ
煙が雨になって
海に行く
海
海の塩がすべてのものを
清めるとされている
海からとれた
塩にも祓いの
力がある
神様が穢れを
運んで行って
くれる
❸塩をまく
❹神社や神棚を拝む

たという。しかしそのあとで神直日神《かむなおびのかみ》と大直日神《おおなおびのかみ》の、二柱の祓いの神が生まれたとある。

この話は、

「世の中に一柱穢れの神がいても、二柱の祓いの神がそれを清めてくださる」

といって、人びとに祓いの大切さを説くものである。

60 天照大神が乱暴狼藉で追い出した弟は素戔嗚尊だけでない

食物の女神の死

伊奘諾尊が一人で最後に生んだ最も有力な三人の子神は、「三貴子」と呼ばれる。太陽の神である天照大神と月の神、月読尊《つくよみのみこと》と素戔嗚尊が三貴子になる（131ページの系図参照）。

日本神話では天照大神は、全く欠点のない完璧な神とされた。ところが他の二人の三貴子は優れた神であっても、悪事をはたらき天照大神を怒らせたとある。

素戔嗚尊の乱暴を記したのが、天岩戸神話である。そして月読尊は、食物の女神を殺したことによって天照大神を怒らせたとされる。『日本書紀』が記す、食物の女神の死の物語は、次のようなものである。

「天照大神が地上の保食神《うけもちのかみ》への使者として、月読尊を送った。このとき保食神は自分の口からさまざまの食べ物を出して、月読尊を持て成した。

このありさまを見た月読尊は、『私に穢《きたな》いものを食べさせようとした』と怒り、保食神を斬り殺した。そのことを聞いた天照大神は腹を立てて、『お前とは顔を合わせたくない』と言われた。そのため、昼は太陽が夜は月が出ることになった」

神の少女の死の神話

食物の女神の死の話にはまだ続きがある。月読尊と絶縁したあと、天照大神は、天熊人《あまのくまひと》という者に保食神の様子を見に行かせた。すると保食神の体から、牛馬、粟《あわ》、蚕《かいこ》、稗《ひえ》、稲、麦、大豆、小豆が生じていた。

天照大神は、それらを人間たちに授けて用いさせたという。

この神話は、日本神話の大きな流れから外れた、挿話のような形をとっている。そしてそれは南方に広く見られる「神の少女の死の物語」をもとにつくられたものであると考えられている。

インドネシアのセラム島には、神の少女が祭りの夜に生き埋めにされて殺されたあと、少女の体からさまざまなイモが生えたという話がある。こういったものは大地に作物を育てる女神がいるとする地母神信仰（120ページ参照）を踏まえてつくられたものであろう。

『古事記』では月の神の食物神殺しの話が、素戔嗚尊が食物をつかさどる大宜津比売神《おおげつひめのかみ》（大氣津比売神《おおけつひめのかみ》）を殺す形に変えられている。しかし太陽が輝いている昼に月は光を放たない理由を説明した『日本書紀』の話が、より古いものと考えられる。

61 古い形の神話には天照大神の妹神、つまり三貴子の妹にあたる稚日女尊がいた

オオヒルメとワカヒルメ

『日本書紀』に、天照大神の別名である大日霊尊《おおひるめのみこと》や大日霊貴《おおひるめむち》の神名がみえる。前者は「立派な太陽の精霊の神」もしくは「年長の太陽の精霊の神」を表わす神名である。そして後者は、「特に尊い立派な（年長の）太陽の精霊の神」となる。

「大神《おおみかみ》」という敬称は、六世紀風のものである。この点からみて「おおひるめ」は、「天照大神」の名称が用いられる前の太陽の神の名前だったと考えられる。

これとは別に『日本書紀』の天岩戸神話の中に、「稚日女尊《わかひるめのみこと》」という神様が出てくる。「日女《ひるめ》」も「日霊《ひるめ》」も、同じものとみてよい。

「稚」は、「年少の」という意味の「大」と対になる古代語である。この点から五世紀以前の大和朝廷で、大日霊尊、稚日霊（女）尊の姉妹の太陽の神が信仰されていたとみてよい。

素戔嗚尊に殺された稚日女尊

三貴子誕生の話や天岩戸神話は、中臣氏によって六世紀はじめに新たにつくられたものである。かれらはまず月読尊と素戔嗚尊を、大日霊尊、稚日霊（女）尊の姉妹の弟とした。

さらに後になって、稚日霊（女）尊を落として三貴子としたのであろう。稚日霊（女）尊に関する『日本書紀』の話は、次のようなものである。

「素戔嗚尊は、稚日女尊が祭祀用の服を織っていたところに馬を放り込んだ。そのため稚日女尊は、驚いて織機に体をぶつけて亡くなった」

これは日本神話が三貴子の誕生の形になる前の話を伝えたものであろう。大日霊尊、稚日霊（女）尊、月読尊、素戔嗚尊の四神が活躍する形が、稚日霊（女）尊が途中で亡くなる話になり、さらに三貴子だけが登場するものに変わっていったのである。

62 日本神話ではるか東の鹿島と香取の神を活躍させた黒幕は中臣氏

大国主命を従えた鹿島、香取の神

国譲りの神話は、六世紀なかばに中臣氏の手で整えられたものと考えられる。これは国津神の祖先である素戔嗚尊を高天原での乱暴によっていったん穢れた神とする、天岩戸神話と一体のものである。

穢れた神の流れをひく大国主命は、清らかな天照大神の孫、瓊々杵尊に従わねばならないというのである。

国譲りの神話では、鹿島神宮の祭神である武甕槌神と香取《かとり》神宮の祭神の経津主神《ふつぬしのかみ》の功

図26　国譲り

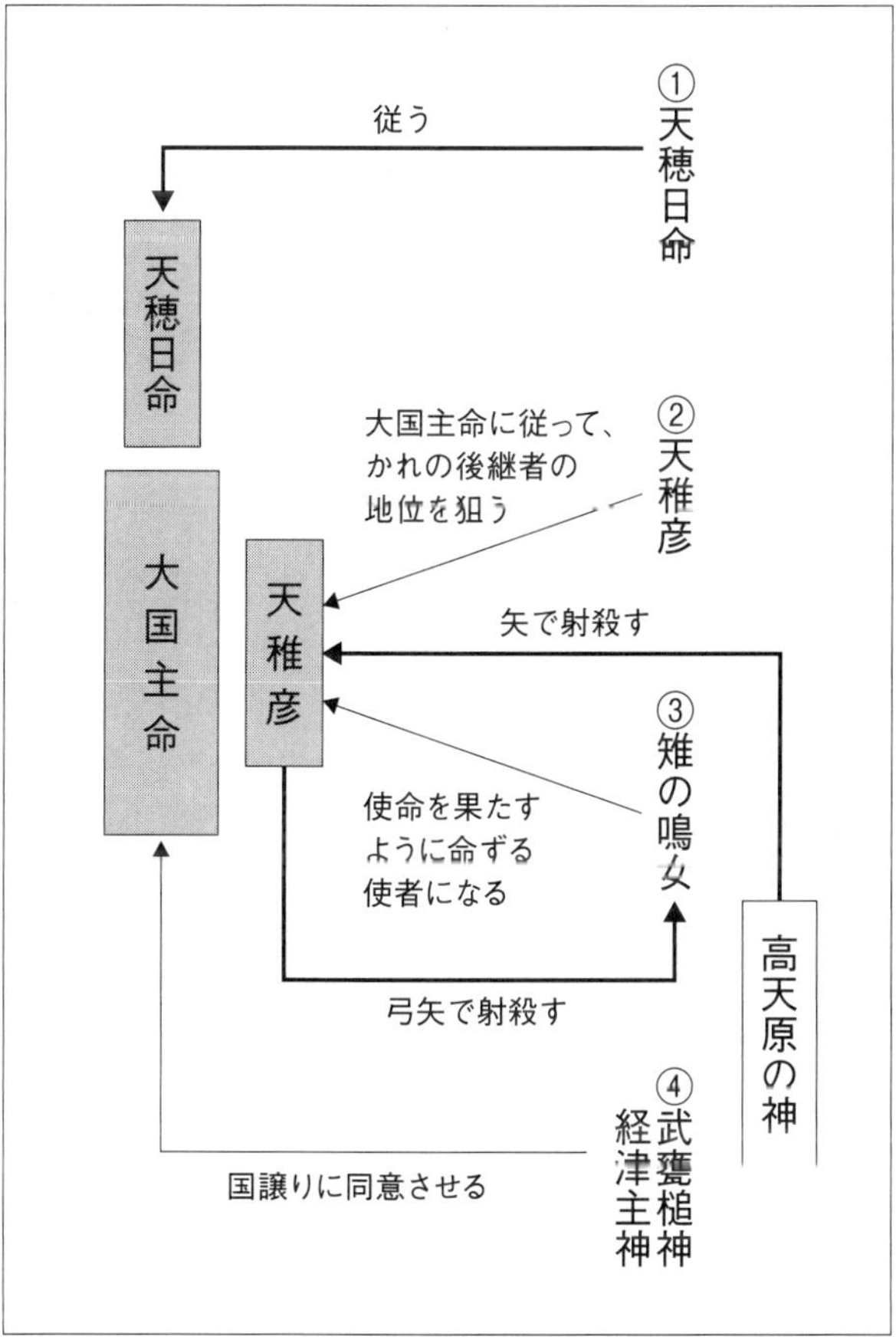
①天穂日命
従う
天穂日命
大国主命
②天稚彦
大国主命に従って、かれの後継者の地位を狙う
天稚彦
矢で射殺す
③雉の鳴女
使命を果たすように命ずる使者になる
弓矢で射殺す
高天原の神
④武甕槌神
経津主神
国譲りに同意させる

績が強調されている。天穂日命《あめのほひのみこと》を送っても、天稚彦《あめわかひこ》や雉《きじ》の鳴女《なきめ》を行かせても従えられなかった大国主命を、鹿島、香取の神が屈服させたというのである。

この話は中臣氏が鹿島、香取の神を氏神として祭っていたことによってつくられたものである。

関東地方で広く祭られた鹿島、香取の神

武甕槌神も経津主神も、もとは関東地方でひろく祭られた有力な神であった。この信仰は、関東地方の豪族が大和朝廷の勢力下に入る以前からのものであるとみてよい。鹿嶋市にある鹿島神宮と香取市にある香取神宮は、それほど離れていない。

鹿島の豪族と香取の豪族が連携しつつ、勢力を拡大していったのであろう。かれらが五世紀に大和朝廷に従ったあと、六世紀はじめから中臣氏が関東地方に勢力を伸ばし、やがて関東の鹿島、香取の神の祭祀に関与するようになった。

そのあと中臣氏は鹿島、香取の神も自家の氏神とした。中臣氏の子孫にあたる藤原氏の氏神が、奈良市の春日大社である。そこには本殿四棟があり、四柱の神が祭られている。第一殿に武甕槌命（神）、第二殿に経津主命（神）が祭られ、第三殿が天児屋根命、第

四殿が比売神《ひめがみ》のものである。つまり春日大社では、鹿島、香取の神が、中臣氏の祖先神である天児屋根命や天児屋根命に仕える巫女の神の比売神より上位におかれているのである。

63 武甕槌神と経津主神は親戚で、ともに火の神の子孫にあたる

鹿島、香取の神の系譜

鹿島神宮の武甕槌神も、香取神宮の経津主神も、本来は一つの地域の最も権威のある神であった。しかし中臣氏が鹿島、香取の祭祀に関与するようになったことによって、関東の神が中央の神々の系譜に加えられることになった。

武甕槌神も経津主神も大王の本拠地から遠いところに本拠を置く地方豪族が祭ってきた神であるから、安易に王家の祖先神とつなぐわけにいかない。そのため次ページの図に記したような火の神に連なる系譜が考えられた。

『日本書紀』に火の神、軻遇突智を斬った剣の刃から滴《したた》る血から五百箇磐石《いおついわいし》が生まれたと

図27　鹿島、香取の神の系図

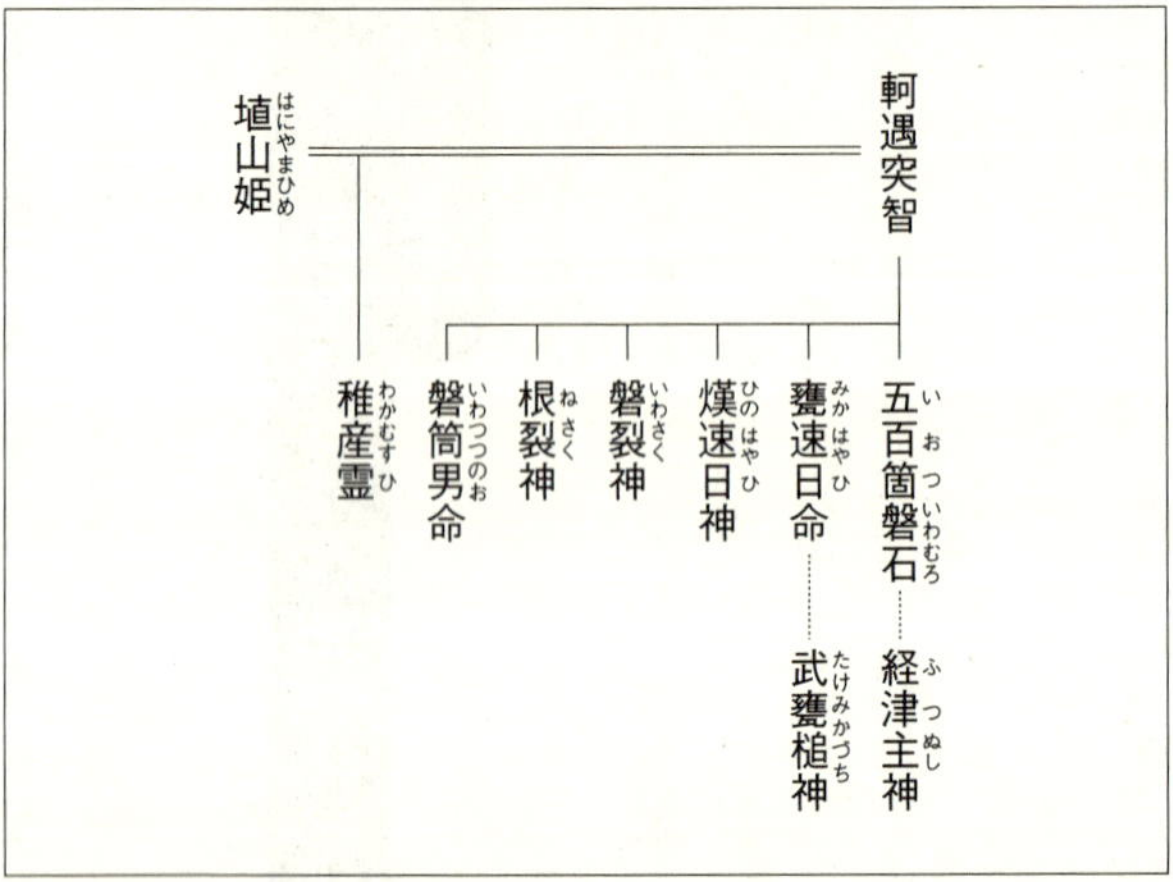

ある。かれは、経津主神の祖にあたるという。また剣の鐔《つば》から滴る血からは、甕速日神《みなはやひのかみ》らが生まれたという。甕速日神は武甕槌神の祖だとされる。

剣の神と雷の神

『日本書紀』の「祖」の語は、祖父とも祖先とも解釈できるあいまいなものである。これを祖父と解釈した場合は、経津主神と武甕槌神は祖父が兄弟、つまり又従弟《またいとこ》の関係になる。

経津主神の「経津」は、上質の刀剣を表わす古代日本語である。そこから香取の神が、悪霊を退ける剣の呪力を持つ神とされていたことがわかる。

また武甕槌神の「甕槌」は、「みかづち」つまり雷を表わす。鹿島の神は古くは、雨の神、雨の恵みをもたらす農耕神と考えられていたとみられる。

関東地方の人びとは鹿島の神に豊作を願い、香取の神に災いを遠ざけてくれるように求めたのであろう。このように鹿島と香取の神は、上手に共存していた。そのため神の系譜が整えられたときにその二柱は、近い親族とされたのである。

64 事代主命と蛭児命、どちらが本当の恵比寿神か

すすんで国譲りをした事代主命

大国主命には、二柱の優れた子神がいたという。兄を事代主命《ことしろぬしのみこと》、弟を武御名方命《たけみなかたのみこと》という。前項の武甕槌神と経津主神が国譲りを求めて出雲の大国主命のもとにきたとき、大国主命は高天原の使者にこう答えた。

「子神に相談して、お返事します」

日本神話は、兄の事代主命は自らすすんで高天原の神々に従い、海の果てに去っていったとする。

この事代主命はのちに恵比寿様とされ、福の神としてひろく祭られるようになった。「えびす神」とは夷《えびす》、つまり海のはてから来た神である。

きわめて古い時代から漁民の間に、見慣れない漂着物を「えびす様」と呼んで漁や航海安全の神として祭る習俗があった。珍しい漂着物を、海のはての神々の国である常世国《とこよのくに》からの贈り物と考えたのである。

事代主命は古くは、出雲の漁民に信仰された有力な神であった。そのため室町時代頃から出雲で「事代主命は、国譲りのときに常世国に行った」と説明されるようになった。そして常世国から人びとのところに帰ってきて福を授ける事代主命が、恵比寿様とされたのである。

西宮に帰ってきた蛭児命

蛭児は、伊奘諾尊と伊奘冉尊が葦船に乗せて海に流した子である。これが現在の西宮市の漁民が祭った漂着物の「えびす様」と結びついて、恵比寿様とされるようになったのである。

「天照大神の兄にあたる蛭児命は、常世国から西宮の海岸に帰ってきて、福の神である夷《えびす》三郎《さぶろう》となった」

といわれた。夷三郎を祭る西宮神社が室町時代に各地で意欲的に布教したため、蛭児命を祭神とする恵比寿信仰が急速に広まった。

もう一方の恵比寿様である出雲の事代主命信仰も、福の神の大黒様を大国主命とする説と結びついてあちこちに伝えられた。

このような経緯をみれば、出雲の事代主命も西宮の蛭児命もともに恵比寿様とするのにふさわしい神様であることがわかってくる。

65 負けて勝つ、天照大神の使者に敗れた武御名方命が全国で広く信仰される

神々の力競べ

日本神話は事代主命が国譲りに同意したあと、大国主命が事代主命の弟の武御名方命（建御名方神）に意見を求めたという。このとき武御名方命は、尊大な態度をとる高天原の使者に反発した。

力自慢のかれは、使者に力競べを挑んだ。ところが武御名方命は、武甕槌神にあっさり負けて一目散に逃げ出した。

かれははるばると信濃の諏訪まで逃げて、そこで武甕槌神に追い付かれて降伏した。このときに武御名方命は、

「私は今後、諏訪の外に出ません」

と誓ったという。二人の子神が高天原の使者に従ったので、大国主命は国譲りに同意したとある。

武御名方命は、諏訪大社の祭神である。

独自の信仰をもつ諏訪

山深い地にある古代の諏訪では、大和朝廷のものと異なる独自の祭祀が発展してきた。大和朝廷はそれを大和のものと同化させずに、諏訪の地のある程度の自立を許していた。

朝廷の下に、諏訪氏（諏訪家）を指導者とする自治政府がある。こういった奇妙な形が、戦国時代まで続いたのである。その理由は、「皇室が諏訪の神を恐れていた」とでも説明する他ない。

武御名方命の力競べの神話は、そのような諏訪の特異な状況を説明するためにつくられたとみてよい。武御名方命は皇室の祖先に従ったが、諏訪の地の支配権は認められたのである。

源平争乱のときに諏訪家が源氏方についたことをきっかけに、鎌倉幕府が諏訪大社の保護に力を入れるようになった。そのために鎌倉時代に諏訪信仰が、急速に武士に広まった。神社の数で、諏訪神社は日本第四位の神社となる（29ページの表参照）。諏訪の神は鎌倉時代に、鹿島神宮の武甕槌神より有力な武神になったのである。

66　美人薄命は自然の摂理か。醜い姉の磐長姫が永遠の命をもち、美しい妹の木之花咲耶姫が短命な理由

『古事記』などは前項までに記したような国譲りが終わったあと、天孫（天照大神の子孫）降臨が行なわれたという。天照大神の孫にあたる瓊々杵尊が、日本を治めるためにお供の神を従えて高天原から日向の高千穂峰に降ったのである。

このあと瓊々杵尊は、笠沙《かささ》で木之花咲耶姫と出会った。日本神話はこのように記してい

る。

「瓊々杵尊は木之花咲耶姫を妻に迎えたいと、彼女の父である大山祇神に申し入れた。すると大山祇神は、木之花咲耶姫と彼女の姉にあたる磐長姫《いわながひめ》を送ってきた。ところが瓊々杵尊は醜い磐長姫を嫌い、父神のもとに送り返した。

このとき大山祇神は、こう言って嘆いた。

『姉の磐長姫も受け入れられたら天孫の命は岩のように堅固になりましたのに。妹だけを妻に迎えられたために、天孫の命は花のようにはかなくなってしまいました』」

バナナと石の神話

バナナ型神話という、人間の命が限りあるものになったことを説明する神話が、東南アジアに広く分布している。それは次のようなものである。

「神様が人間に食べ物として石をお与えになったが、人間はそれを嫌い別のものを求めた。そこで神様は、バナナをくだされた。人間がバナナを旨そうに食べると、神様はこう言った。

『石を食べれば永遠の命を得られたのに、バナナを食べたのでお前の命は限りあるものに

図28　天孫降臨の地

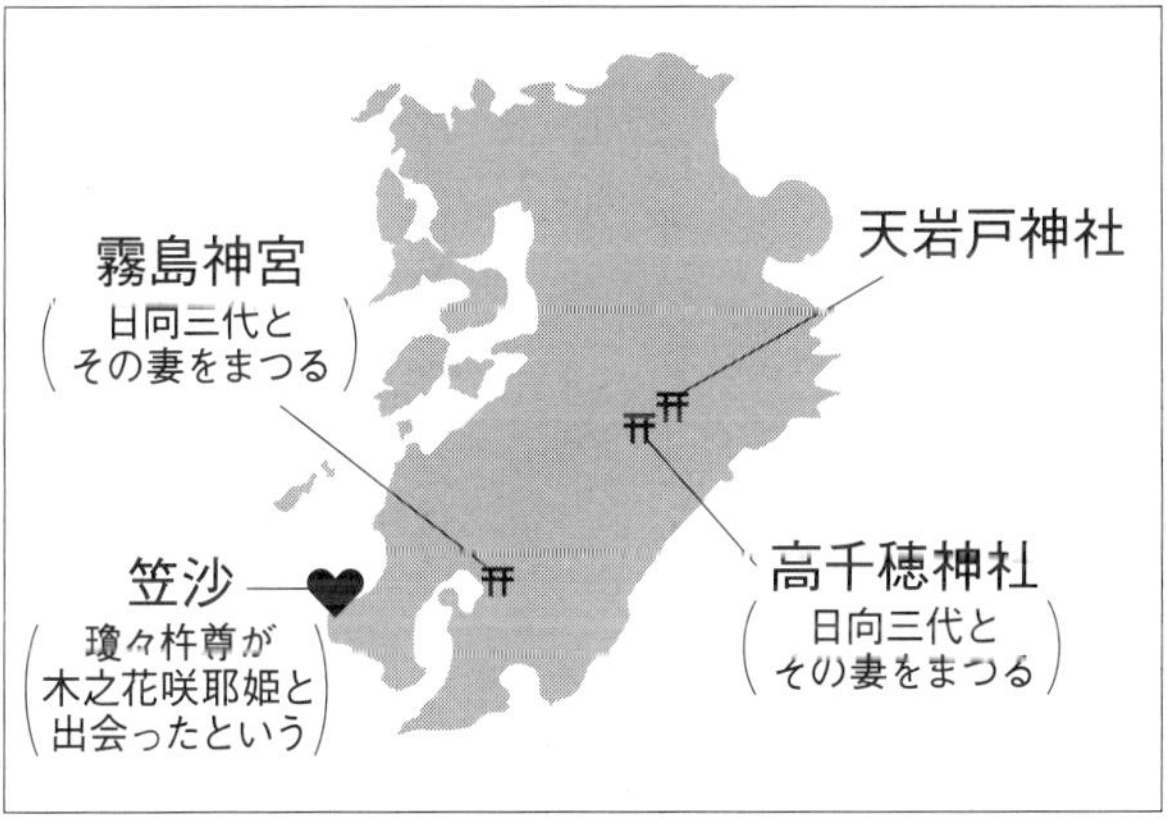

図29　バナナ型神話の分布

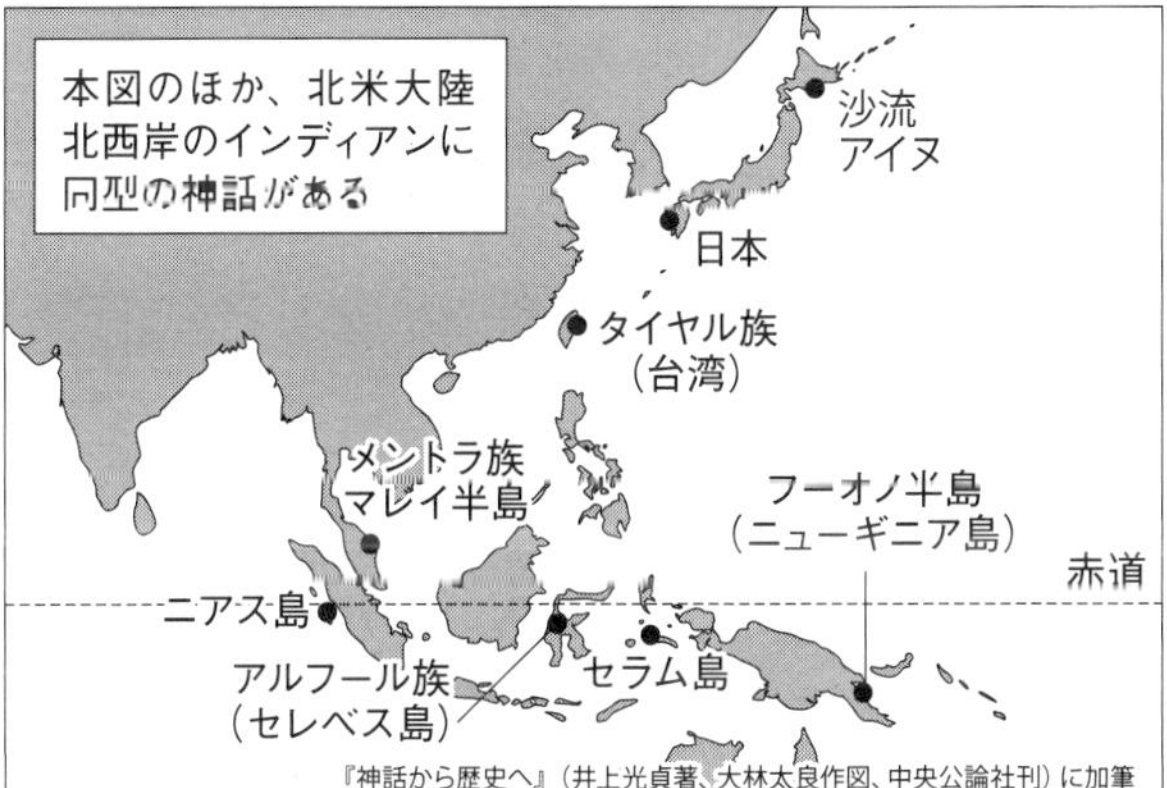

『神話から歴史へ』(井上光貞著、大林太良作図、中央公論社刊)に加筆

なってしまった』」

天皇の命は有限なのに、古代の日本で神様は永遠に生きると信じられていた。それなら日本神話のどこかで、神様の子孫である天皇の命が限られたものになった理由を説明せざるを得ない。そのため天孫降臨の直後に、日本風に脚色されたバナナ型神話が置かれたのだ。

木之花咲耶姫を祭る神社は後（216ページ参照）で取り上げるが、磐長姫は不人気で彼女を祭る神社はそう多くない。祭神を磐長姫とする京都市北区の大将軍《たいしょうぐん》神社が、目立つぐらいである。

この神社は、推古一七年（六〇九）に東近江市の瓦屋寺《かわらやでら》の鎮守として建てられたといわれる。そして平安京ができたのちに現在の地に移されたものだと伝えられる。寺が長く続くことを願って、永遠の寿命を授ける磐長姫をまつったものと思われる。

67 輝夜姫と乙姫は、嫁姑関係か

古代人は異界を「常世国」と呼んだ

日本の民話には、人間と異界との交流を主題としたものが多い。古代日本の信仰の流れをひく民話『浦島太郎』は、浦島太郎が海の底の竜宮城にいる乙姫様《おとひめさま》を訪れる話である。また前（104ページ参照）にあげた『竹取物語』をもとにさまざまな形で展開した「かぐや姫」の民話には、月から来たかぐや姫と人間とのさまざまなやりとりが記されている。

大和朝廷の手で『古事記』などに記された日本神話が整えられる前から、さまざまな異界との交流の物語が語り継がれてきた。古代人は異界を、常世国と呼ぶことが多かった。

人間が異界を訪れて不思議な能力や富を得る古い時代の物語が、『桃太郎』、『ねずみの浄土』、『舌切雀』などにつながっていった。また異界の不思議な存在と人間との交流を描く古代の物語が、『羽衣』、『鶴の恩返し』などを生み出した。

日本神話の中の輝夜姫と乙姫

瓊々杵尊が高千穂に降臨したあとの、三代の皇室の祖先神は「日向三代」と呼ばれる（系図参照）。『古事記』などは日向三代の最後の鸕鶿草葺不合尊《うがやふきあえずのみこと》を神様として扱い、初代の神武天皇（磐余彦。128ページ参照）以後を人間とする。

日向三代の一代目の妻である木之花咲耶姫はのちに輝夜姫と結びついて富士山の神とされた。そして日向三代の二代目にあたる彦火々出見尊《ひこほほでみのみこと》（山幸彦《やまさちひこ》）は、海神の王宮を訪れて海神の娘、豊玉姫《とよたまひめ》を妻にしたと記されている。

海の底の異界を訪れるこの神話が浦島太郎の話のもとになり、そこでは豊玉姫が乙姫に変えられた。そうすると、民話の世界ではかぐや姫は乙姫の義理の母とされたことになる。

68 浦島太郎が助けた亀は予言と塩をつかさどる福の神

亀に乗った上品な老人の神

山幸彦（彦火々出見尊）が海神の王宮を訪ねて豊玉姫を妻にした神話の、最初のとっか

図30　日向三代の系図

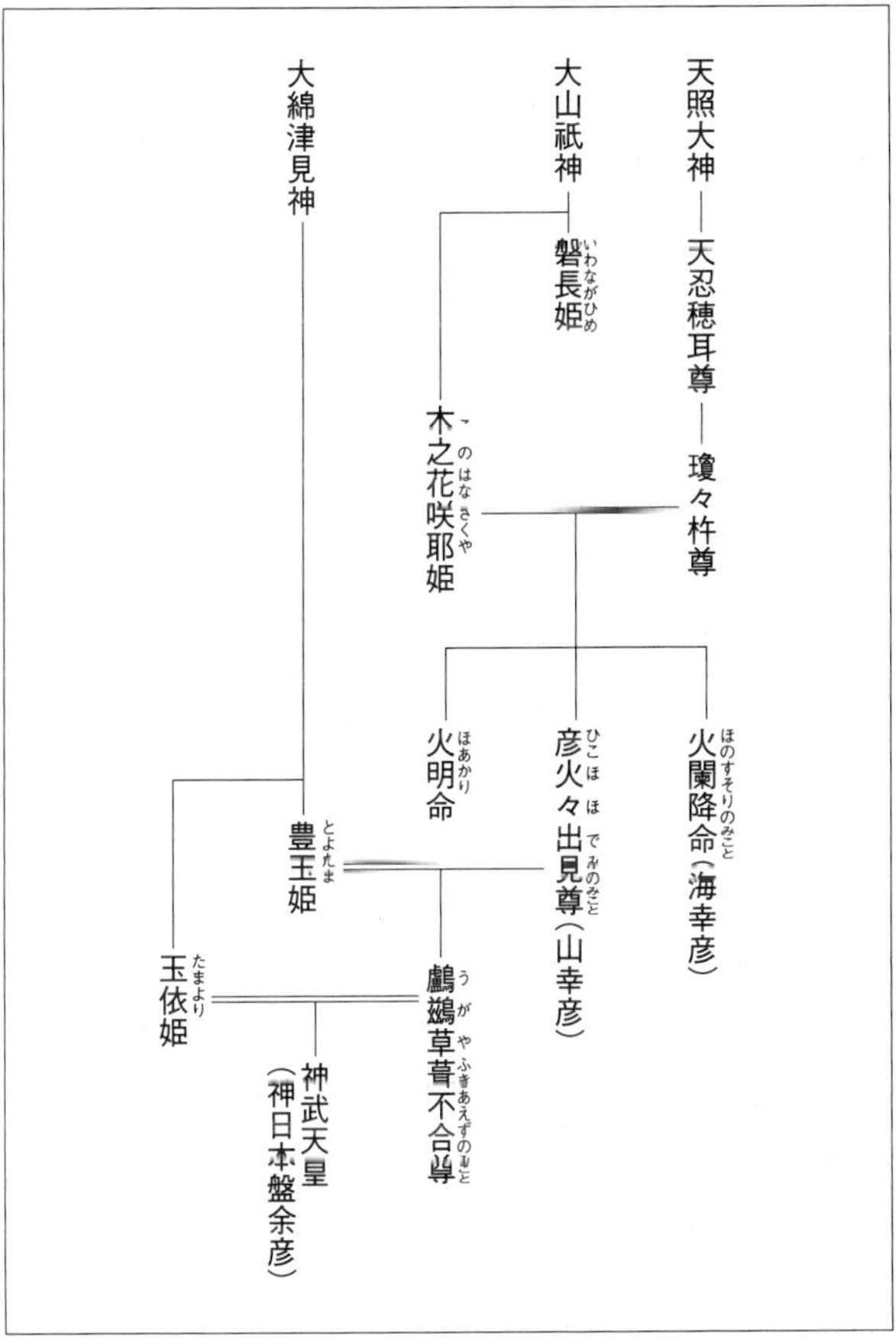
天照大神
天忍穂耳尊
瓊々杵尊
大山祇神
磐長姫《いわながひめ》
木之花咲耶姫《このはなさくやひめ》
火闌降命《ほのすそりのみこと》（海幸彦）
彦火々出見尊《ひこほほでみのみこと》（山幸彦）
火明命《ほあかり》
大綿津見神
豊玉姫《とよたま》
鸕鷀草葺不合尊《うがやふきあえずのみこと》
玉依姫《たまより》
神武天皇
（神日本磐余彦）

かりの部分を記そう。

「山幸彦は何としても、自分が失くした兄の海幸彦の釣針を探して兄に返そうと考えながら海岸にたたずんでいた。すると塩土老翁《しおつちのおじ》（神）という優しそうな老人の姿をした神が声を掛けてきた。

山幸彦がわけを話すと、塩土老翁は海神の王宮に行って釣針を探すように勧め、海の底に行く道を教えた」

塩椎神《しおつちのかみ》とも書かれる塩土老翁は、古代の日本のあちこちの漁民に信仰されていた神である。大和朝廷の古い伝承の中には、大きな亀に乗った塩土老翁が、大和を目指す磐余彦の船団に正しい航路を教えたとするものがあったと考えられる。

『浦島太郎』の民話では、亀に乗った老人が亀に変えられたのだ。

各地に広がる鹽竈《しおがま》神社

塩土老翁は、「潮路」つまり正しい航路を知りそれを人びとに教える神である。日向三代の神話の舞台である宮崎市には、塩土老翁を祭る青島《あおしま》神社がある。

しかし塩土老翁神を祭るより有力な神社として宮城県塩竈《しおがま》市の鹽竈神社があげられる。

ここの分社は、各地に広がっている。

塩竈のあたりで製塩が盛んだったために、鹽竈神社は製塩の神とされてきた。また塩土老翁神は航路を教えて人びとを導くことから予言の神ともされた。さらに大漁や製塩の繁昌をもたらす鹽竈神社は、福の神としても人気が高い。

69 稲羽の素兎の毛をむしった鰐が仕えた神様は?

山幸彦を地上に送った鰐

『浦島太郎』の民話は、浦島太郎が最後につらい目にあう形をとっている。かれが竜宮城から地上に戻って玉手箱を開くと、老人になってしまったというのだ。

山幸彦が帰るときの話を、これと対比してみよう。

「山幸彦は豊玉姫を妻にして海神の王宮で三年間過ごしたが、ふと自分が釣針を探しに来たことを思い出した。そのためかれは海神の助けによって鯛の喉に刺さった釣針を見付け、一尋《ひろ》(約一・八メートル)ある人鰐に乗って地上に戻った。このあとかれは海神の力を借りて兄の海幸彦を従えて地上を治めた」

帰ったあと不幸に見舞われた浦島太郎と違って、山幸彦は海神を訪れて大きな運を摑むのである。古代人はかれを乗せた鰐のような大きなサメを、海神の家来の神と考えていた。稲羽の素兎《しろうさぎ》（白兎）は、海の神様を怒らせたので罰を受けたのである。

鰐の姿をしていた海神の娘

釣針を探しに海の底を訪れる「失なわれた釣針」の物語は、南方に広く分布している。この南方の民話が南九州に伝わったのちに、日本神話に取り入れられたと考えられる。

山幸彦の物語には、次のような続きがある。

「山幸彦が兄を従えたあと、玉依姫が地上を訪れて『私はあなたの子供を妊娠していたので、地上で生みたい』と言った。彼女はこのあと『中を覗いてはなりません』と言って一人で産屋に入った。ところが山幸彦はうっかり産屋の中を見てしまう。するとそこには、八尋（約一四・四メートル）もある鰐がいた。豊玉姫は自分の本来の姿を知られたことを恥じて、子供を地上に置いて海の底に帰ってしまう」

この話は、前（107ページ参照）にあげたアジアに広く分布する異界妻の物語の一つである。海神の娘である豊玉姫は、ふつうの鰐の神様よりはるかに巨大な姿をしていると考えられたのだ。

ホホジロザメやウバザメで体長九メートルのものがいるから、海で一尋以上の大きさの鰐を見かけることはある。しかし現実には、体長一〇メートルていどのジンベエザメの倍以上の大きさをもつサメはいない。

70　瓊々杵尊の曾孫である磐余彦に従った饒速日命は瓊々杵尊の兄弟だった

呪術を用いて王家を支えた物部氏

物部氏は古い時代、つまり五世紀頃までの王家に欠かせない豪族であった。大和朝廷は物部氏が行なう呪術によって支えられていた。

「物部」の「物」は、物怪《もののけ》を表わしている。王家は纏向《まきむく》（桜井市）の地で大神神社を祭り、物部氏は纏向の少し北の石上《いそのかみ》（天理市《てんり》）の呪術の神の祭祀をつとめていた。この呪術の神の後身が、石上神宮である。

大物主神は農耕神の性格をつよく持っていたが、石上神宮の祭神である布都御魂《ふつのみたま》は、悪

図31　長髄彦と物部氏の関係

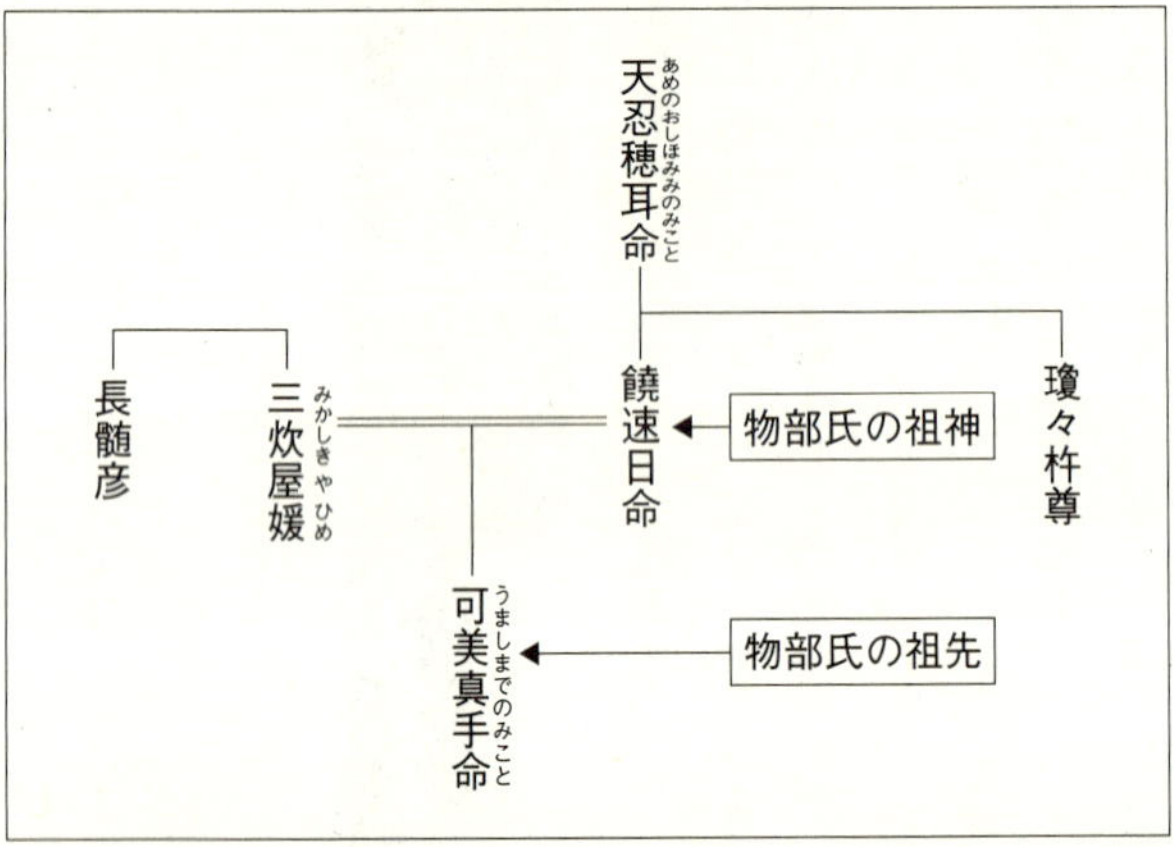

を退ける力をもつ剣の神であった。

　この大物主神と布都御魂の関係は、前（163ページ参照）に記した鹿島の神と香取の神のつながりに近い。人びとの生活を安定させるのに、農耕神と呪術の神が必要とされたのである。

物部氏が従った経緯を語る

　神武東征伝説は、物部氏が王家に従う話を中心に組み立てられている。大和における磐余彦の最大の敵は、長髄彦《ながすねひこ》とされた。

　磐余彦の軍勢は、最初は河内で長髄彦に敗れるが、最後に長髄彦を倒して大王（天皇）になる。磐余彦が来る前に長髄彦は、高天原から降った天孫である饒速日命《にぎはやひのみこと》に仕えていたという。この饒速日命は、長髄彦の妹を妻にしていた。

大和で磐余彦と戦って敗れた長髄彦は、「私は天孫の饒速日命に仕える者です」と磐余彦に弁明した。しかし饒速日命は、磐余彦が自分より正統の天孫であると知って、長髄彦を殺して磐余彦に従った。

これによって、物部氏は代々大王に仕えることになったという。『先代旧事本紀』という物部氏の記録は、饒速日命を天忍穂耳尊の子とする。この系譜に従えば、饒速日命は自分の兄の曾孫に従ったことになる。

71 内宮で祭られた天照大神に仕える外宮の豊受大神は天照大神の姪

伊勢神宮の外宮の起こり

外宮の祭神である豊受大神は、鎌倉時代以後、伊勢信仰の広まりによって日本じゅうで祭られるようになった農耕神である。伊勢神宮参拝の正式の作法は、外宮に参ったあと内宮に参拝する形になる。原則として内宮もしくは外宮の片方だけにお参りするのは、伊勢神宮の礼を欠く行為とされている。

『止由気宮儀式帳《とゆけぐうぎしきちょう》』という伊勢神宮で書かれた平安時代はじめの文献は、

「雄略《ゆうりやく》天皇が天照大神の神託によって丹波国の豊受大神を伊勢にお迎えした」

という伝説を記している。天照大神が、

「私一人では寂しいので、御饌《ごせん》（供え物）の神として豊受大神をそばに呼んでください」

とお告げを下したというのである。

豊受大神を祭る籠《この》神社

伊勢で天照大神の祭祀が始められたのは、天武《てんむ》天皇の時代にあたる七世紀末だと考えられている。雄略天皇は五世紀末の大王であるから、かれが外宮を起こしたとは考えられない。

伊勢神宮が七世紀末につくられてまもない時期に、豊受大神の分霊が迎えられたのであろう。京都府宮津《みやづ》市に、籠《この》神社という古代から続く豊受大神を祭る有力な神社がある。

現在の宮津は丹後になるが、古くは丹波と丹後を合わせた範囲が丹波とされていた。籠神社は、元伊勢とも呼ばれている。丹波の有力な神をともに祭ることによって、伊勢神宮の権威を高めようとしたのであろう。前にあげた火の神に焼かれた伊奘冉尊が生んだ神の中に、農耕神の和久産巣日神がいる（134ページの図参照）。『古事記』は豊受大神をこの和久産巣日神の娘、つまり天照大神の義理の姉の子とする。天照大神の姪が、大神の供え物の調理に当たったというのである。

72 多様な起こりの神々が集まってできた三社から成る熊野三山の祭神

秘境熊野三山

紀伊半島南部に、世界遺産に登録された「紀伊山地の霊場と参詣道」がある。ここを訪れる熊野古道の旅も盛んである。この霊場巡りは、熊野三山と呼ばれる聖地を巡拝するものである。

熊野三山は、熊野本宮《ほんぐう》大社、熊野速玉《はやたま》大社、熊野那智大社から成る。この三社はもとは、独立した山の神の神社であった。しかし平安時代なかばに三社がお互いの主神を祭りあうようになって結びついた。つまりもとは自社の祭神だけを祭っていた熊野本宮大社

図32　熊野三社

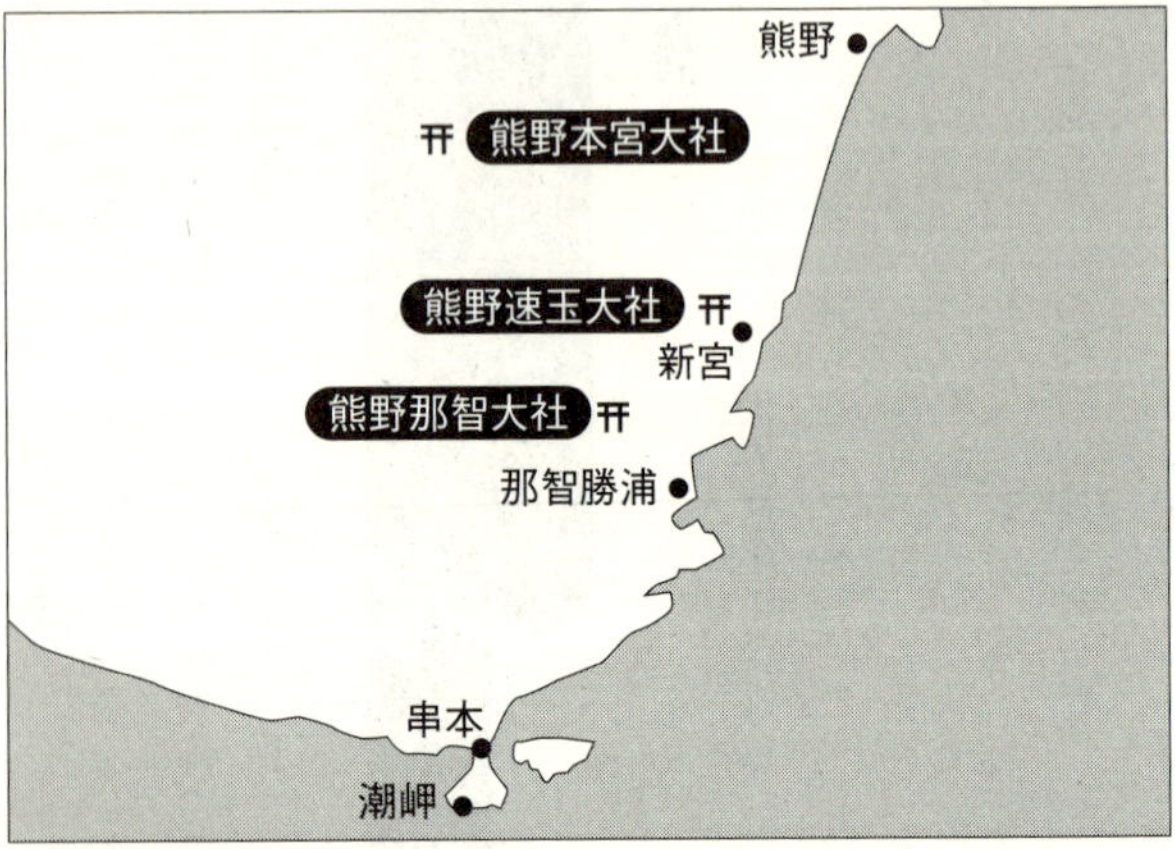

が、その他に熊野速玉大社と熊野那智大社の神を祭るような形になったのである。そのため、やがて三社が一体のものとされるようになった。

熊野三社の総本宮とされるのは、熊野本宮大社である。平安時代末に熊野三社は浄土信仰を取り入れて、「熊野に詣でると、極楽浄土に行ける」と宣伝して多くの参詣者を集めた。そしてその繁栄の中で、熊野は有力な修験者の道場になっていった。

異なる性格の神が集まる

総本宮である熊野本宮大社の祭神、家都美《けつみ》御子大神《みこのおおかみ》は山深い地の森林を守る樹木の神と考えられていた。この神はのちに、素戔嗚尊と同一の神とされるようになった。

海のそばにある「新宮《しんぐう》」の別名をもつ熊野速玉大社の祭神は、海神であった。そこでは神輿を船にのせて本来は海上を渡御《とぎょ》する神事がある。

熊野速玉神社の祭神を速玉大神《はやたまのおおかみ》というが、この神は伊奘諾尊と伊奘冉尊の間の子神、事解男《こととけお》之命《のみこと》とされる。

熊野那智大社は、名滝として知られる那智の滝を御神体にする、滝の神、水の神である。

熊野那智大社の祭神を夫須美大神《ふすみのおおかみ》という。この神は天照大神が素戔嗚尊との誓約でのときに生まれた天照大神の五柱の子神のなかの熊野《くまの》橡樟《くす》日命《ひのみこと》（65ページの図参照）だとされている。

もとは別々の性格をもつ神を祭る熊野三社であったが、のちに一体のものとなり、三社の神霊を総称して熊野大神と呼ぶようになったのである。

73 相場師の神と闘鶏の神

熊野信仰の広まり

和歌山県田辺《たなべ》市に、熊野三所神つまり熊野三山で祭られた神々を祭神とする闘鶏《とうけい》神社がある。ここは勝負事の勝利をもたらす御利益をもつ神社とされて、株で勝負をする相場師の信仰を集めている。

この神社は、前項の熊野三山の分社から発展したものである。平安時代末に朝廷で熊野信仰が盛行した。白河《しらかわ》法王、鳥羽《とば》法皇といった有力者は、生涯に何度も熊野詣でを行なった。

そのため、京都から熊野への交通路が整備されていった。さらに参拝者を保護する拠点として、熊野街道沿いに幾つかの熊野三山の分社が起こされた。闘鶏神社はこの時代に、熊野の別当を務める僧湛快《たんかい》が建てたものである。

この時代の熊野別当は熊野三山の経営権を一手に握り、熊野の僧兵を束ねる有力者であった。

図33　熊野三社と参詣路

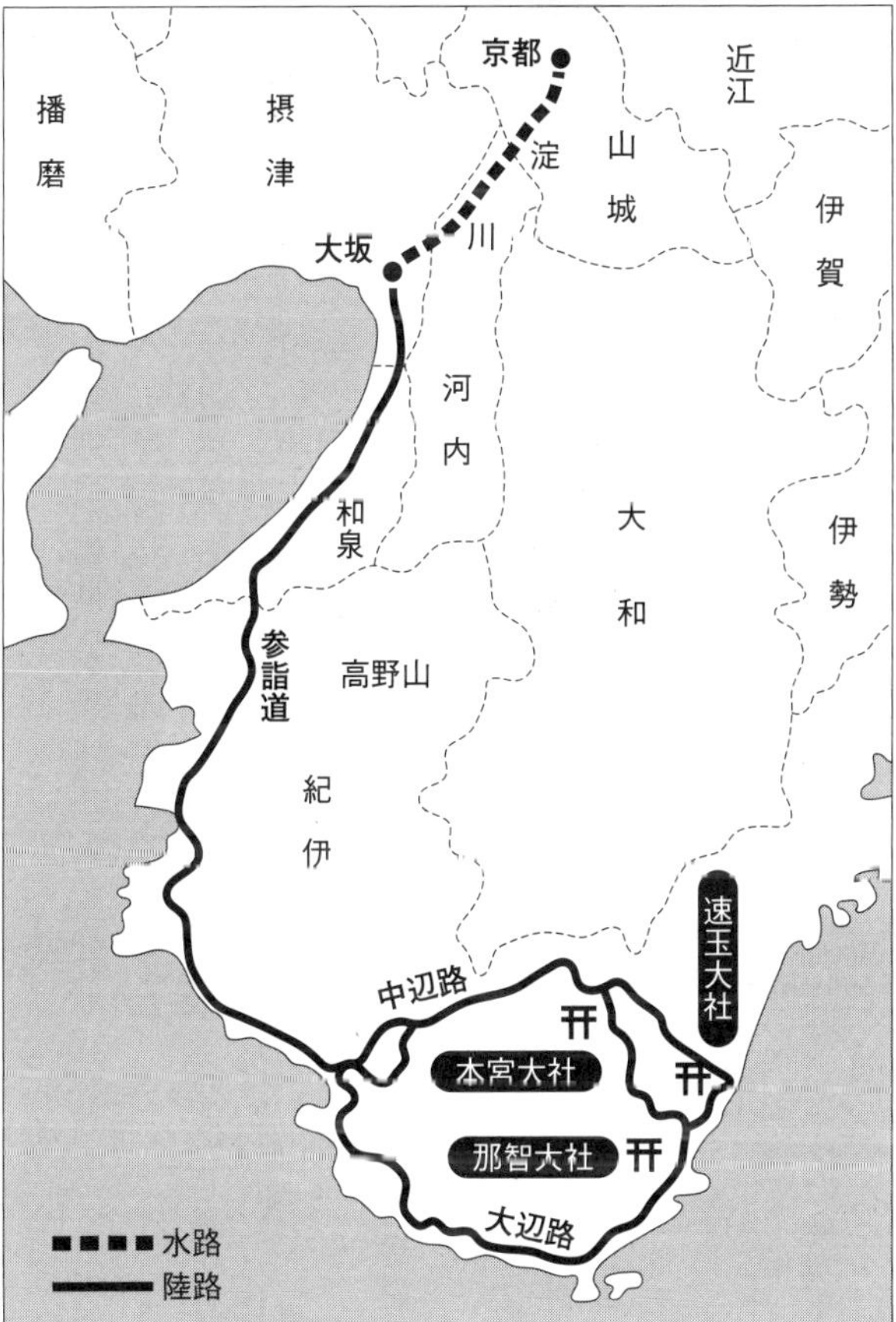

社前で行なわれた闘鶏

平氏が都落ちしたあと、熊野別当湛増《たんぞう》は、平氏につくか源氏につくか迷っていた。平氏が屋島《やしま》を失ったあとかれは、軍鶏を闘わせて吉凶を占おうと考えた。

そのため湛増の父にあたる湛快がひらいた神社の社前で白い鶏と赤い鶏を七回戦わせたところ、七回とも白い鶏が勝った。これを見た湛増は水軍を率いて壇ノ浦に駆け付け、白い旗を掲げる源氏についた。このあと壇ノ浦合戦は、源氏の大勝利になった。

これによって田辺の新熊野権現が勝負事の勝利をもたらすとされて、闘鶏神社と呼ばれるようになったのである。

74 鯉の明神は天皇の料理人

包丁塚の料理人の神

料理人が守り神として祭るのが、料理人の祖とされる磐鹿六雁命《いわかむつかりのみこと》である。この神は栃木県小山《おやま》市の高椅《たかはし》神社や千葉県南房総《みなみぼうそう》市の高家《たかべ》神社の祭神であるが、寺社の境内などに建てられた包丁塚でも祭られている。

『日本書紀』に、つぎのような話が記されている。

「十一代景行《けいこう》天皇が東国を巡察していたときに、上総《かずさ》国で大きな白蛤を得た。このときお供をつとめていた磐鹿六雁命が、その白蛤をなますに料理して献上した。

天皇はその料理が大そう美味であったことに感激して、磐鹿六雁命に膳大伴部《かしわでのおおともべ》を授けた」

『日本書紀』などは、十六代仁徳《にんとく》天皇以前の時代を神々が人間とともに活躍していた時代とする歴史観をもっていた。膳人伴部とは、膳部《かしわでべ》とも呼ばれる王家の料理人の集団である。磐鹿六雁命は膳部を束ねる膳氏の祖先神として創作された人物である。

川魚料理が好まれた時代の鯉の明神

膳氏は平安時代に改姓して、高橋氏と名乗っている。下野《しもつけ》にいた高橋氏が祖先神を祭ったのが、小山市の高椅神社である。そこの別名を、「鯉の明神《みょうじん》」という。

神社に、次のような伝説がある。

「長元二年（一〇二九）に高椅神社の境内に井戸を掘ったところ、その井戸に大きな鯉が現われた。高橋氏の人びとがその鯉を後一条《ごいちじょう》天皇に献上したところ、天皇自らの手で

『日本一社禁鯉宮』と書いた額を下された。そのあと高椅神社の祭神は、『鯉の明神』と呼ばれるようになった」

のちに川を泳ぐ鯉は、磐鹿六雁命のつかいと考えられるようになった。そのため今でも高椅神社の氏子は、鯉を食べないといわれる。

第五章
神様の意外な裏話

75 はじめて埴輪をつくったのは日本相撲協会で祭られている相撲の神

相撲の起こりを語る伝説

江戸で大相撲の人気が高まる中で、相撲の神として野見宿禰《のみのすくね》の信仰が広がっていった。東京都江東区深川の富岡八幡宮《とみおかはちまんぐう》の境内に、野見宿禰を祭る神社と明治に建てられた横綱力士碑がある。ここは貞享元年（一六八四）に最初の江戸勧進相撲が行なわれた地である。『日本書紀』に、垂仁《すいにん》天皇の命令で出雲から迎えられた野見宿禰が当麻蹶速《たいまのけはや》と相撲を取り、蹶速を倒したという記事がある。力士たちは、これを相撲の起源としているのである。

しかし前項にも述べたが、『日本書紀』は垂仁天皇の時代を神様が人間とともに活躍した時代とする立場をとっていた。野見宿禰は実在の人物ではなく、古代豪族土師《はじ》氏がかれらの祖先神として創作した神様とするのがよい。

埴輪の起こり

土師氏は、大和朝廷で大王などの葬礼を担当した豪族であった。古代の有力者の葬礼は、壮大な古墳を築く大掛かりなものであった。必要とあらば、古墳づくりに従事する者の集団に武器を持たせて兵士にすることができる。そのため土師氏は、大きな軍事力をもっていた。

この土師氏は、自分たちの職務の起こりについてこのように語っていた。

「古くは葬礼のときに殉死が行なわれていたが、垂仁天皇が殉死の悪習を止《や》めさせようとした。このとき野見宿禰が粘土で人間の姿をかたどった埴輪をつくり、それを殉死する者の代わりにしようと提案した。垂仁天皇がかれの勧めを受け入れたことが縁となって、土師氏が葬礼を扱うようになった」

力持ちの神、野見宿禰は、弱者の命を大切にする優しい神様とされたのだ。

76　たばこ神社の神様は漬物の神

原野を治める女神

茨城県桜川《さくらがわ》市の加波山《かばさん》の山頂につくられた加波山神社には、「たばこ神社」の俗称がある。ここの祭神の中の草野姫命《かやのひめのみこと》が、たばこの神様とされているためである。

加波山神社は日本たばこ産業（ＪＴ）やたばこ商の守護神であるとされる。それとともに、どうしてもたばこを止められない人がここをお参りすると禁煙できるようになるともいわれる。

『古事記』は草野姫神（命）を、伊奘諾尊と伊奘冉尊の夫婦の間の子神のなかの一柱とする。彼女は、野槌神《のづちのかみ》と呼ばれたともある。草野姫命は草の精霊で、野つまり原野を守る神であった。

漬物の神を祭る神社

野原の神は、さまざまな山菜や野菜の守り神とも考えられた。そのため愛知県あま市萱《かや》津《づ》神社では鹿屋野姫神《かやぬひめ》（草野姫命）が漬物の神として祭られている。この神社には、このような伝説がある。

「当社の周辺の土地を開いた人びとが野の神を自分たちの氏神として祭り、野原で採れた山菜を神様の供え物とした」

萱津神社では毎年八月二十一日に、「香の物祭」という漬物の祭りが開かれている。戦国時代に西洋人がたばこを伝えたあと、たばこも草だと考えられたために、草野姫命がたばこの神とされたのである。

77 草薙剣を熊手に持ち替えた日本武尊

江戸の風物詩となった酉の市

東京の人びとは、「酉《とり》の市《いち》が来ると今年はもうすぐ終わりだ」と感じる。東京を中心に広がる大鳥《おおとり》神社で、毎年十一月の十二支が酉の日に酉の市が開かれる。

この日に各神社の境内から参道にかけて、縁起物の熊手を売る店が立ち並ぶ。この熊手は、客をかき寄せ、金運をかきよせ、富をかき寄せるといわれる。

酉の市は浅草に近い台東区千束《せんぞく》の、鷲《おおとり》神社から始まった。鷲神社は、大和朝廷の将軍として活躍した日本武尊《やまとたけるのみこと》という伝説上の人物を祭る神社である。この系列の神社で、「大鳥神社」と書かれるものも多い。

酉の市は、安永《あんえい》から天明《てんめい》にかけての時期（一七七二－八九）に始まったと伝えられる。その時代は老中田沼意次《たぬまおきつぐ》の積極策によって、江戸じゅうが好景気に沸いていた。

神前に熊手を奉納した日本武尊

酉の市の熊手は、商家の守りとして店に飾られるものである。経済成長がめざましい田沼政権の時代であるから、縁起物の熊手を買って商売を成功させた者も多かったろう。

鷲神社は古くは土地の人びとに農耕神として信仰された天日鷲命《あめのひわしのみこと》を祭っていた。のちに祭神に日本武尊が加えられ、やがて日本武尊が主祭神のように扱われた。

鷲神社には、

「東北遠征の帰りに、日本武尊が天日鷲命に熊手を奉納して遠征の成功を感謝した」

という言い伝えがある。農耕神である天日鷲命に、農民が日常的に使う熊手を捧げたのだ。日本武尊は東北遠征のときに護身の器具として、三種の神器のなかの草薙剣《くさなぎのつるぎ》を身に付けていた。この剣は、名古屋の熱田《あつた》神宮で祭られている。

剣を帯びた武人であった日本武尊が、庶民の神となり人びとに熊手を授けるようになったのである。

78 IT企業の守護神は江戸の守りを務めた祟り神

神田明神が秋葉原の守り神

五部神（138ページ参照）の中の玉屋命《たまやのみこと》が宝石商の守り神とされ、倉稲魂命（お稲荷様）は三井家（三越デパート）の守護神として祭られる。こういった形で、特定の業界や企業と結びついた神社は多い。

IT産業は近年急速に発展したが、神道ができた古代にはITという発想はない。そのためIT産業に勤める人びとは、ITの盛んな秋葉原のそばの神田《かんだ》神社を自分たちの守り神と考えた。この神社は、神田明神《みょうじん》の名でひろく知られてきたものである。

江戸の人びとに好まれた平将門

神田明神は、平将門《まさかど》を祭る神社と考えられている。厳密にいえばそこの祭神は大己貴命と少彦名命であり、将門はその主祭神に付属する形で扱われている。

しかし江戸幕府も江戸の庶民も、関東の弱者を救うために朝廷に対して挙兵して敗れた将門を深く愛した。そして神田の明神さんを、関東武士の英雄である将門として慕った。二代将軍徳川秀忠《ひでただ》は、神田明神を江戸城下の総鎮守とした。

平将門は平安貴族が定めた秩序に反抗し、武士の時代をつくる先駆けとなった。ＩＴ業者たちも新しい技術を用いて、古い伝統を引きずった日本の経済界に斬り込み未来を開こうとする人びとである。ＩＴ産業に従事する人びとは、将門の反骨精神にひかれたのかもしれない。

79 新宿の皆中稲荷がギャンブルの神とされたわけ

勝利成功の御利益の神

神仏にギャンブル運を願う者も、少なくない。こういう場合には、「勝負事に勝利をも

図34　皆中稲荷神社の位置

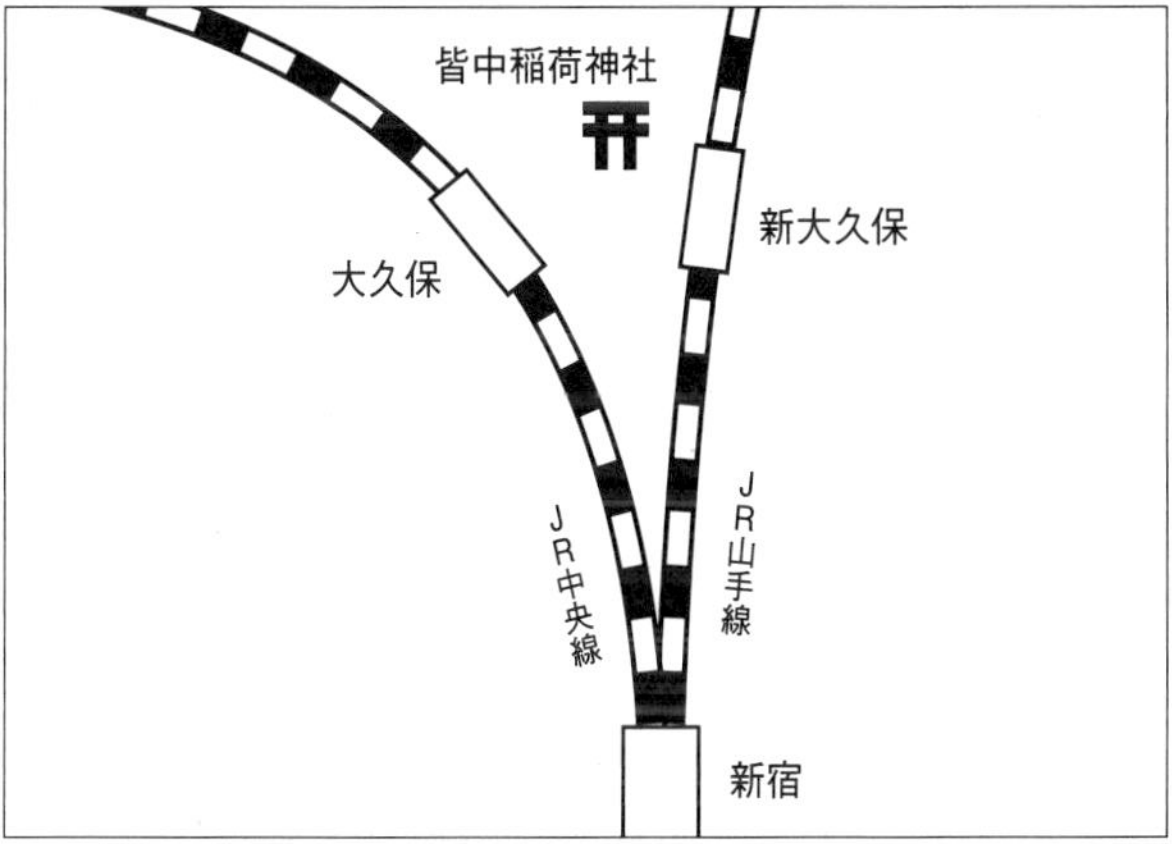

たらす神様を拝むとよい」といわれる。

前にあげた闘鶏神社（185ページ参照）も勝利・成功の御利益のある神社だが、ふつうは「勝利を願う者は、各地の八幡宮、八幡神社に参るとよい」といわれる。

この他に経津主神（160ページ参照）を祭る各地の香取神社も、勝利成功の神とされる。

これとは別に、「必ずギャンブルで的中する」といわれる特別の神社がある。それが新宿百人町《ひやくにんちょう》の皆中《かいちゆう》稲荷神社である。皆中稲荷は、新大久保駅の西方を線路沿いに高田馬場《たかだのばば》駅方面に少し行ったところにある。そこは、「馬券が当たりますように」といった願いをする人びとで毎日賑わっている。

お稲荷様に願って鉄砲を当てる

皆中稲荷は、戦国動乱のさなかの天文二年（一五三三）につくられた。そこは新宿の農民に信仰されていたが、江戸時代になると幕府に仕える鉄砲組百人隊の武士たちが、今の百人町に土地を与えられて住み着いた。

それ以来、お稲荷様は百人隊の守り神ともされた。あるとき鉄砲の下手な一人の与力が、お稲荷様に鉄砲の上達を願ったところ百発百中の腕となった。そのため、「お稲荷様のお札を貰えば、百発百中の名手になれる」という話が広まり、そのお稲荷様が「皆中（みなあたる）稲荷」と呼ばれるようになったという。

さらに近年になって、「ギャンブルの勝利を願うある人が皆中稲荷にお参りしたところ十分な御利益があった」という噂が広まり、皆中稲荷がギャンブルの神様とされるようになったのである。

80 優れた子どもを生んだ三人の玉依姫

神武天皇の母となった海神の娘

「たまよりひめ」とは、神霊が依《よ》り憑《つ》く女を表わす言葉である。古代の日本で神託を受ける巫女や、神様に見初められてその妻となる女性が、「たまよりひめ」と呼ばれたのだ。「たまよりひめ」の名を持つ女神は、三柱いた。最もよく知られたのは、日向三代の神話に出てくる玉依姫（175ページの系図参照）である。

彼女は海神の娘で、海の世界から地上に移り住んで姉の豊玉姫が残した子ども、鸕鷀草葺不合尊を育てた。このあと彼女は鸕鷀草葺不合尊の妻となって神武天皇（磐余彦）を生んだという。

玉依姫は、初代の天皇という偉大な人物の母となったのである。千葉県長生郡《ちょうせいぐん》一宮《いちのみや》町玉前《たまさき》神社は、玉依姫を祭神とする神社である。この地に住む漁民たちが、海上に現われた光り輝く玉依姫の霊を祭る神社を起こしたと伝えられる。

図35　賀茂神社関連の系図

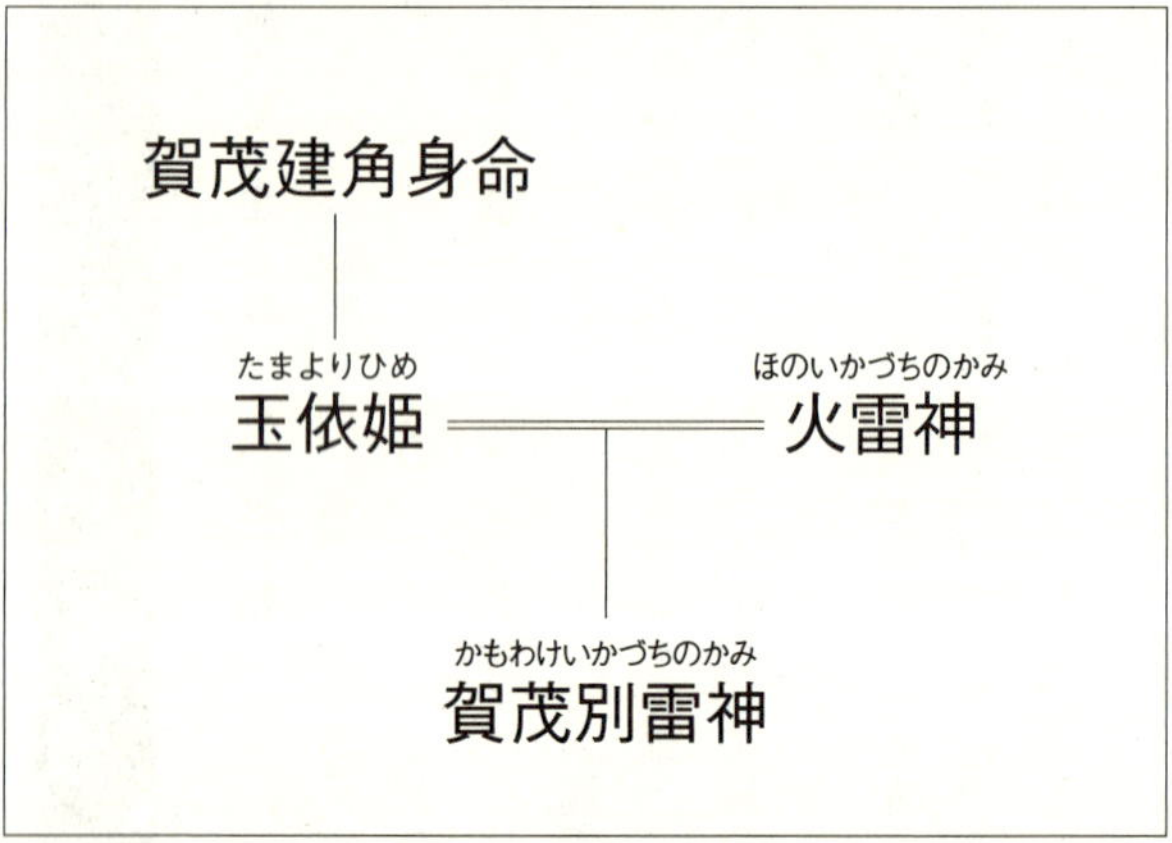

神に見初められた娘

京都市下鴨《しもがも》神社の祭神である玉依姫命《たまよりひめのみこと》は、近くの上賀茂《かみがも》神社に祭られた賀茂別《かもわけ》雷神《いかづちのかみ》の母である。上賀茂神社と下鴨神社は、賀茂神社と総称されている。火雷神《ほのいかづちのかみ》が赤い矢の姿になって賀茂川を流れてきたとき、玉依姫命はその美しい矢を拾って部屋に飾っておいたとする伝説がある。

すると姫は妊娠し、賀茂別雷神を生んだ。のちにその子どもの父が、雷神であることが明らかになったという。

この他に『古事記』に、三輪山の大物主神の妻となった活玉依媛《いくたまよりひめ》の話が出てくる。彼女は自分のもとを訪れてきた美しい若者と夫婦になる。やがて彼女は妊娠したが、それからまもなく自分の夫は二輪山の神だと知った。この活玉依媛が生んだ子どもの子孫が、古代に大神神社の祭祀を務めた大三輪《おおみわ》氏だという。

古代にはこの他にも、何人かの記録に残らない「たまよりひめ」がいたのであろう。

81　朝鮮半島を好まなかった素戔嗚尊父子

紀伊の木材の神様

植林や木材の神とされる伊太祁曾《いたきそ》神社は、和歌山市にある古くから祭られた有力な神社である。紀伊国は飛鳥時代はじめ頃まで「木国《きのくに》」と書かれたほど、林業がさかんな地であった。

大和朝廷が朝鮮半島に渡るときの大きな船の用材は、紀伊国（木国）産のものであった。林業に従事する豪族が祭った伊太祁曾神社の祭神である五十猛神《いたけるのかみ》は、素戔嗚尊の子神とされていた。

『日本書紀』の中に、高天原を追放された素戔嗚尊が子神の五十猛神とともに朝鮮半島にある新羅《しらぎ》国に降ったとする伝承がある。

木種を新羅国で植えなかった五十猛神

素戔嗚尊と五十猛神は、しばらく新羅で暮らしたという。しかし素戔嗚尊は、「此の地は吾《われ》居《お》らまく欲《ほっ》せじ」と言って、粘土で船をつくって出雲に渡ったとある。このあと素戔嗚尊が八岐大蛇を倒して出雲を治める神となった（83ページ参照）。

この話は古い時代に、朝鮮半島から日本海を通ってさまざまな文化が伝わったことを踏まえてつくられたものであろう。

この話に続けて、次のような神話が記されている。五十猛神も、新羅国を嫌った。かれは多くの木種を持って天降り、人びとの役に立つさまざまな樹木を植えようと考えていたが、朝鮮半島で木種を使う気になれなかった。そのため五十猛神は日本に渡り、植樹しながら日本各地を巡った。

日本じゅうに樹木を広めたあとに、五十猛神は紀伊国に住み着いたという。この植樹の話は林業を営む紀伊の豪族が創作して、八岐大蛇の神話に絡めたものと考えられる。

82 安徳天皇の霊は朝廷や武家に怖れられて神様となった

安徳天皇を祭らせた後鳥羽天皇

下関市《しものせき》に安徳天皇を祭る赤間《あかま》神宮がある。これは後鳥羽《ごとば》天皇がつくらせた御影堂をもとにできた神社である。

安徳天皇が平氏とともに都落ちしたあと、朝廷で権力を握っていた後白河《ごしらかわ》法皇は後鳥羽天皇を新たな天皇に立てた。安徳天皇も後鳥羽天皇も、後白河法皇の孫である。

しかし皇位に就く者に欠かせない三種の神器は、安徳天皇とともに西国にあった。そのため三種の神器無しに即位したことが、のちに後鳥羽天皇の心の負担となった。壇ノ浦合戦で安徳天皇が入水したあと、天皇の遺骸は赤間関《あかまがせき》（下関市）の阿弥陀《あみだ》寺境内に葬られた。

壇ノ浦合戦の六年後の建久二年（一一九一）になって、後鳥羽天皇は阿弥陀寺を勅願《ちょくがん》寺《じ》（皇室の保護を受ける寺院）とした。そして安徳天皇の御陵の上に、御影堂を建てさせた。このあと皇室は、御影堂を篤く崇敬しつづけた。

耳なし芳一の伝説

後鳥羽天皇以後の歴代の天皇は、安徳天皇が不幸な最期をとげたおかげで皇位を嗣ぐことができたことになる。そのためかれらは、安徳天皇の怨霊への怖れを心の底に持っていたと考えてよい。そのような背景で、平氏の怨霊に耳を奪われた琵琶法師芳一《ほういち》の伝説がつくられたのであろう。

明治時代の神仏分離のときに阿弥陀寺は廃され、御影堂は天皇社という神社となった。そして天皇社の名称は、赤間宮を経て赤間神宮となった。赤間神宮では今でも、安徳天皇を慰霊する盛大な先帝祭が開かれている。

83 八咫烏は初代神武天皇とも初代将軍徳川家康ともつながりをもっていた

賀茂氏の祖先の八咫烏は雷神の親戚

八咫烏が磐余彦の道案内をしたことは前（128ページ参照）に述べたが、八咫烏はそのあと京都の鴨氏の祖先となって賀茂建角身命《かものたけつぬみのみこと》と呼ばれたという。

高皇産霊尊が高天原から地上に降らせた神が、京都の地方豪族の祖先神になったのである。この賀茂建角身命の娘が、前（２０２ページ参照）に出てくる雷神の妻になったとされる玉依姫である。建角身命は、娘の玉依姫とともに下鴨神社に祭られている。

賀茂神社はもとは中流の地方豪族が祭った、雷神の神格をもつ農耕神の神社であった。ところが平安京ができたあと、賀茂神社は京都の守り神とされて皇室の崇敬を受けて大きく発展した。

そのため賀茂信仰は、各地に広まった。室町時代に三河《みかわ》で活躍した松平氏《まつだいら》も賀茂神社の信者であった。

葵の御紋は賀茂神社の神紋

徳川家の三つ葉葵の御紋は、水戸《みと》黄門《こうもん》の時代劇を通じて広く知られている。この葵紋はもとは、賀茂神社の神紋であった。松平家が賀茂神社の加護を願って、葵紋を用いてきたのである。

桐紋を使う豊臣秀吉が天下人であったときに、有力大名であった徳川家康は秀吉から桐紋を与えられた。この桐紋は皇室の替紋《かえもん》で、室町幕府将軍の足利《あしかが》家も用いた高貴な紋章であった。

しかし徳川家康は将軍になったあと桐紋でなく葵紋を用い、徳川家以外の者に葵紋を下賜しなかった。かれは、賀茂神社に特別の思い入れを持っていたのだろう。

一方で下鴨神社の祭神が神武天皇に仕えたという伝説があり、もう一方で徳川家康が下鴨神社を信仰した事実がある。

84 江戸時代の築地に光を放つ神が現われた

埋め立てで広がった江戸の町

築地《つきじ》は東京の食道楽の間で知られる町であるが、ここに水難除けの波除《なみよけ》神社がある。築地は埋め立てでつくられた町である。

徳川家康は江戸の町を開発するために、埋め立てによって平坦な町を広げていく方針をとった。もとは今の八重洲《やえす》のあたりまで海岸線になっており、江戸城の陸地に入り込んだ日比谷《ひびや》の入江が、江戸城の堀のきわまで来ていた。

江戸幕府は埋め立てを進めて、江戸城の正面に町づくりをした。現在の銀座はかつて海であった地にあった。

四代将軍徳川家綱《いえつな》のときに、築地の埋め立てが始められた。それはこの方面における、江戸時代最後の埋め立てになった。築地の工事は難工事となった。何度堤防をつくっても、高波に崩されてしまうのである。

光るお稲荷様の出現

工事が進まないなか、ある夜に、光を放って漂う物が近くの海面に現われた。工事を指揮する役人が不思議に思って船を出してみると、光るものはお稲荷様のお札、つまり御神体であった。

人びとは、

「この不思議は神様が助けに来たのに違いない」

と思って、小さな社殿を建ててその御神体をお納めした。このあと神職に神様を迎えるための盛大な祭祀を行なわせたところ、一度も堤防が崩れることはなく工事が進んだ。埋め立て工事は万治二年（一六五九）に、無事に終了した。

そのため築地に移住してきた人びとは、そのお稲荷様を「波除稲荷」と呼んで篤く祭った。これによって波除稲荷は、水難をはじめとするさまざまな災難を除く神社として信仰されることになった。

波除神社では、強い竜、虎、獅子の巨大な頭を担いで巡って威圧して、災難をしずめる「つきじ獅子祭」が行なわれる。

85 金の桜にちなむ地に集まる国津神たち

金の桜の名前が金運につながる

甲府市に金櫻《かなざくら》神社という、不思議な名前をもつ神社がある。これは古くからある山の神を祭る神社の流れをひくものである。

「金櫻」という神社名から、この神社に詣でると金運を得られるともいわれる。金櫻神社に伝わる文書に、次の言葉が記されている。

「金をもって神となし、桜をもって霊となす」

いろいろな解釈が可能だが、ここの神様の徳は大きな富にまさり、その神様の心（霊）は桜のように美しいというのであろう。

つまり金櫻神社に詣でると、大金を得るのにまさる御利益を得られるとされるのである。

山に集う出雲の神々

金櫻神社の祭神は、次の五柱である。少彦名命、素戔嗚尊、大己貴命、日本武尊、奇稲田姫。つまり主だった出雲の神々と日本武尊が祭られているのである。

神社の伝えに、まず十代崇神天皇のときにここで疫病をしずめるために少彦名命を祭ったとある。そして十二代景行天王のときに、東国遠征から帰る日本武尊がここを訪れた。このとき、かれがそこに素戔嗚尊と大己貴命を合わせ祭ったという。

このような説明は、後世につくられたものであろう。古くから信仰されていた山の神が出雲系の祭祀を取り入れて、少彦名命らを祭る神社になったのであろう。

金櫻神社は名勝の昇仙峡《しょうせんきょう》の近くにある。このあたりは甲府の武田信玄《たけだしんげん》から、本拠の北方を守る地として重んじられていた。

甲府特産の水晶の研磨技術は、金櫻神社の神職が京都から学んで広めたものである。金櫻神社の社地は、水晶工芸の発祥の地になる。

金櫻神社が水晶工芸を通じて、甲府の地に大きな富をもたらしたことは間違いない。

86 金融業者などが信仰する車折神社の祭神清原頼業は何者なのか？

約束を違えないように見守る神様

桜の名所として知られる京都の嵐山《あらしやま》に、車折《くるまざき》神社がある。この神社は、「約束を違えないこと」をお守りくださる神社といわれ、多くの参拝者を集めている。

江戸時代の商家は、この約束を違えない神様に、売掛回収が滞《とどこお》りなくいくように願った。そのため現在では借金が無事に返ってくるように祈る金融業者が、しきりに車折神社に詣でている。

車折神社は、平安時代末に活躍した清原頼業《きよはらのよりなり》という中流貴族を祭る神社である。頼業は日本史上はほとんど無名の人物であったが、かれの没後に「頼業に願うと御利益がある」という話が公家の間に広がり人びとに信仰されるようになった。

図36　車折神社の位置

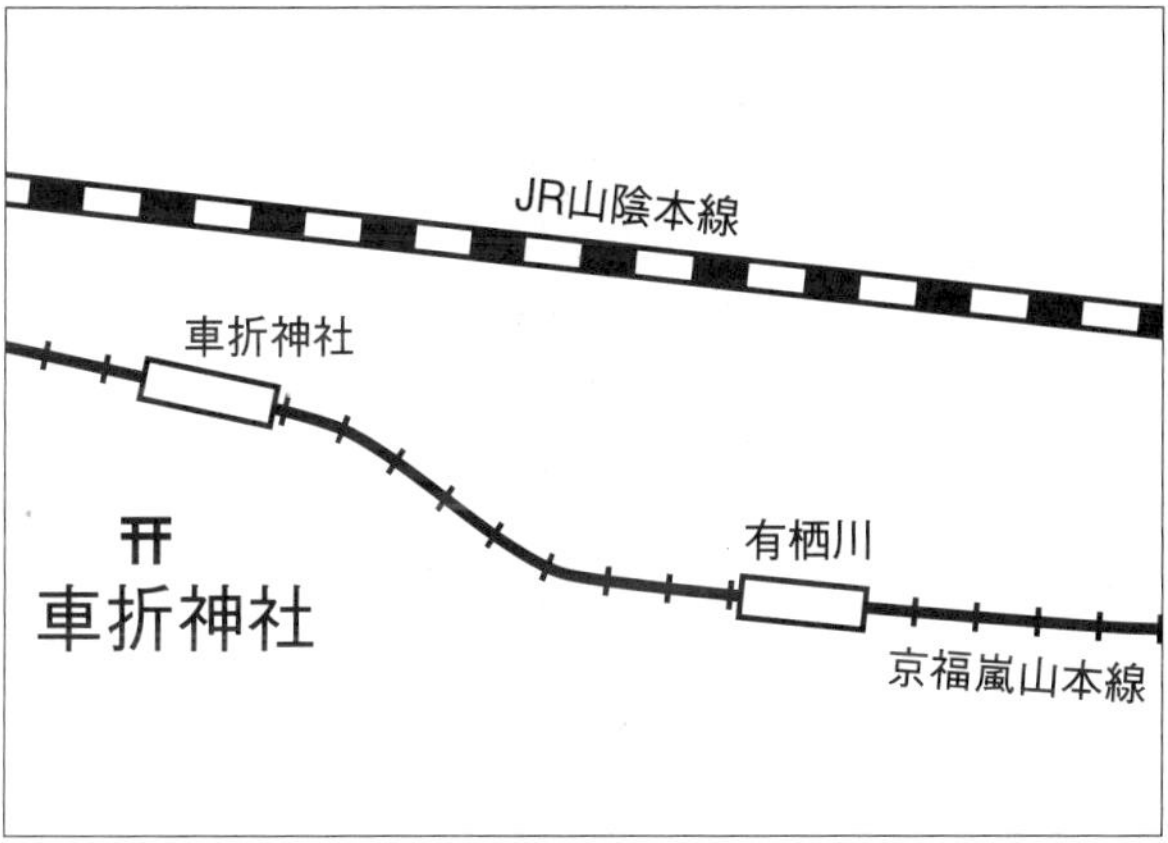

後嵯峨天皇の牛車の轅を折った神

清原頼業は、大外記《だいげき》という朝廷の中級の事務官を二四年間にわたって務めた人物である。かれは学問に通じた、人なみ外れた能吏であった。朝廷の有力者、九条兼実《くじょうかねざね》はかれのことを、

「その才、神というべく尊ぶべし」

と評した。

文治五年（一一八九）に頼業が亡くなると、かれを慕う清原の人びとが現在の社地に廟を建てて頼業を祭った。この廟はのちに宝《ほう》寿《じゅ》院という寺院になった。

鎌倉時代なかばに後嵯峨《ごさが》天皇が嵐山に行幸されたときに、宝寿院の前で轅《ながえ》（牛車の本体に牛をつなぐ二本の棒）が折れて牛車が動か

なくなったことがある。天皇は清原頼業との不思議な縁を感じ、頼業の霊に車折《くるまざき》大明神の神号と正一位の位を贈った。

「頼業のような事務に明るい役人に見られたら、ごまかしがきかない」

「頼業の能力にあやかって、商売を成功させよう」

こういった考えから、車折神社はのちに金融の成功や商売繁昌の神様となっていったのである。

87 白山神社の祭神は神にされた巫女

山の精霊の声を聞く巫女

白山《はくさん》神社は、分社の数の上で日本第九位になる（29ページの図参照）有力な神社である。この神社の本宮が石川県白山市の白山比咩《しらやまひめ》神社である。この宮の本宮はもとは標高二七〇二メートルの白山《はくさん》の山頂にあったが、のちに人びとが参拝しやすい現在の位置に移された。

白山比咩神社の祭神を、菊理媛神《くくりひめのかみ》という。この神は白山比咩大神とも呼ばれる。白山比咩神社はもとは、霊峰といわれた白山の神霊を祭るものであったとみられる。もとは、山の神や亡くなった先祖の声を聞く白山の巫女が菊理媛と呼ばれていたらしい。

「くくる」とは「つなぐ」と同じ意味の言葉で、神霊や死者の精霊をつなぐ役割をさす言葉である。人びとが巫女つまり「くくり姫」が伝える神様の教えにあれこれ助けられていくうちに、菊理媛が神そのものと考えられるようになっていったのであろう。

伊奘諾尊と伊奘冉尊を和解させた女神

『日本書紀』の中に、次のような話が記されている。

「伊奘冉尊が黄泉の国から逃げ出そうとする伊奘諾尊に追い付いてこらしめようとした。このとき、黄泉の国の出口の番人である泉守道者《よもつちもりびと》と菊理媛神が現われて、その二人の争いの仲裁をした。おかげで、伊奘諾尊は地上に戻ることができた」

この話は菊理媛神が、神と神の心を「くくる」能力を持つことを物語るものである。人びとはこのときの仲裁の神話を気に入って、伊奘諾尊と伊奘冉尊を白山比咩神社の祭神に加えた。

かつて喧嘩別れをした夫婦の神が、白山で仲良く祭られているのである。

88 浅間山に浅間神社はないのに、富士山の神が浅間神社で祭られているのはなぜ？

富士山と木之花咲耶姫

浅間神社は日本に一三〇〇社ほどあるが、その中の大部分は富士山を取り巻く位置に営まれている。浅間神社の多くが遠くから富士山を拝む遥拝所であったところに、つくられたためである。

浅間神社は、今は「せんげんじんじゃ」と訓まれることが多いが、それは古くは「あさまじんじゃ」と呼ばれていた。

前（104ページ参照）にも記したように、富士山の神は古くは輝夜姫とされていた。しかし平安時代末から富士山が修験道の道場になり、室町時代から庶民の富士山登拝がさかんになっていった。

この動きの中で富士山を祭る修験者が、富士山の神をより人びとになじみ深い女神に替えようと考えた。そのため浅間神社の祭神が、山の神の娘で天孫瓊々杵尊の妻になった木之花咲耶姫とされたのである。

「浅間」は火山を表わす

「あさま」とは「熱い間（ところ、範囲、空間）」を表わす古代日本語である。熱い焔の上がる火山は、「あさま」の一つとされていた。火山のことを「浅間山」と書いた例もある。

長野県と群馬県の県境に浅間山《あさまやま》という活火山があるが、その山の名称は火山を表わすもので、浅間神社とは関係ない。

平安時代なかばにまとめられた『延喜式』に、駿河《するが》国の富士山を祭る神社は、「浅間神社」と書かれていた。これが現在の富士信仰の中心地である富士宮市富士山本宮浅間大社である。この他に山梨県笛吹《ふえふき》市と静岡市にも有力な浅間神社がある。

現在でも富士登拝はさかんで、富士山は世界遺産に登録されている。

一〇〇字書評

切り取り線

購買動機（新聞、雑誌名を記入するか、あるいは○をつけてください）

- □（　　　　　　　　　　　　）の広告を見て
- □（　　　　　　　　　　　　）の書評を見て
- □ 知人のすすめで
- □ タイトルに惹かれて
- □ カバーがよかったから
- □ 内容が面白そうだから
- □ 好きな作家だから
- □ 好きな分野の本だから

●最近、最も感銘を受けた作品名をお書きください

●あなたのお好きな作家名をお書きください

●その他、ご要望がありましたらお書きください

住所	〒				
氏名		職業		年齢	
新刊情報等のパソコンメール配信を 希望する・しない	Eメール	※携帯には配信できません			

あなたにお願い

この本の感想を、編集部までお寄せいただけたらありがたく存じます。今後の企画の参考にさせていただきます。Eメールでも結構です。

いただいた「一〇〇字書評」は、新聞・雑誌等に紹介させていただくことがあります。その場合はお礼として特製図書カードを差し上げます。

前ページの原稿用紙に書評をお書きの上、切り取り、左記までお送り下さい。宛先の住所は不要です。

なお、ご記入いただいたお名前、ご住所等は、書評紹介の事前了解、謝礼のお届けのためだけに利用し、そのほかの目的のために利用することはありません。

〒一〇一-八七〇一
祥伝社黄金文庫編集長　吉田浩行
☎〇三（三二六五）二〇八四
ohgon@shodensha.co.jp

祥伝社ホームページの「ブックレビュー」からも、書けるようになりました。
http://www.shodensha.co.jp/bookreview/

祥伝社黄金文庫

八《や》百《お》万《よろず》の神《かみ》々《がみ》の謎《なぞ》

平成27年4月20日　初版第1刷発行

著　者　武《たけ》光《みつ》　誠《まこと》

発行者　竹内和芳

発行所　祥伝社《しょうでんしゃ》

〒101－8701
東京都千代田区神田神保町3－3
電話　03（3265）2084（編集部）
電話　03（3265）2081（販売部）
電話　03（3265）3622（業務部）
http://www.shodensha.co.jp/

印刷所　堀内印刷

製本所　ナショナル製本

Printed in Japan　© 2015, Makoto Takemitsu　ISBN978-4-396-31663-1 C0195

祥伝社黄金文庫

井沢元彦　日本史集中講義

点と点が線になる——この一冊で、日本史が一気にわかる。井沢史観のエッセンスを凝縮！

加藤眞吾　清水寺の謎

過去に10回以上も焼け、壊された世界遺産・清水寺。時代と政治に翻弄されながらも復興してきた1200年に迫る！

楠戸義昭　京都の旅　醍醐寺の謎

秀吉が死の直前に開いた「醍醐の花見」。なぜ醍醐寺で、なぜその時期に？　数々の謎を解き明かす。

邦光史郎　日本史の旅　謎の正倉院《しょうそういん》

正倉院で千二百年間宝物が守られてきたのはなぜか？　数知れない謎を秘めた正倉院とその宝物群の解明。

邦光史郎　『古事記』の謎

高天原《たかまがはら》はどこにあったのか？　八岐《やまた》のおろちは何を意味するのか？　難解な『古事記』をわかりやすく解説。

佐々木邦世　中尊寺千二百年の真実

切って詰められた金色堂須弥壇の悲劇、X線調査でわかった秘仏の構造、800年の眠りから醒めた中尊寺のハス……。

祥伝社黄金文庫